W0198532

Sommaire

Mise en pages : Facompo

Comptines* : Paroles : Danièle Dumont
Musique : Mylène Boudard

* Le CD audio (livret d'utilisation inclus) *Comptines pour apprendre à écrire* est disponible au CDDP de Laon, CRDP d'Amiens.

Introduction

Ma fonction de rééducatrice en écriture me confronte depuis des années aux problèmes de technique d'écriture. Ma brève et lointaine expérience de l'enseignement en maternelle m'a fait voir combien la tâche était ardue. Mon expérience de formatrice d'enseignants de cycles 1 et 2 en pédagogie de l'écriture (dont prévention de l'illettrisme) m'a confortée dans mon projet de mettre à la disposition des enseignants et futurs enseignants des propositions visant à l'amélioration de l'apprentissage de l'écriture.

Toutes ces approches du problème m'ont conduite à écrire cet ouvrage à destination des praticiens. Si quelques éléments de théorie sont indispensables à la compréhension de ce que je propose, j'ai toutefois voulu en faire un ouvrage pratique.

Les questions posées par les enseignants au cours de mes diverses interventions ou sur Internet m'ont incitée à cette nouvelle édition. **J'y explicite plus avant les concepts présentés dans les éditions précédentes afin d'en faciliter l'application sur le terrain**.

L'universalité de la modélisation de l'apprentissage de l'écriture cursive que j'ai conçue au fil du temps m'a permis de rajouter les spécificités de **l'écriture américaine et québécoise** qui, pour l'essentiel, reste cependant analogue à l'écriture française.

Elle m'a permis aussi de consacrer quelques paragraphes à **l'écriture arabe**.

Les enseignants de cette langue y trouveront matière à développer plus avant des bases qui feront entrer leurs élèves dans le geste d'écriture avec le même plaisir et la même facilité qu'en écriture romaine et qui aideront les enfants des classes bilingues à évoluer aisément de l'écriture d'une langue à l'écriture de l'autre dès le plus jeune âge.

Ainsi conçue et menée à son terme, c'est-à-dire sans perdre de vue aucun des paramètres de sa finalité, la modélisation de l'apprentissage de l'écriture met aussi l'accent sur le lien étroit qui unit écriture et lecture et fait de l'une une préparation privilégiée à l'autre en se fixant l'exigence d'être toujours porteuse de sens.

En ce sens, la méthode développée dans cet ouvrage a vocation de participer pleinement à la prévention de l'illettrisme.

Danièle Dumont
Janvier 2006

1 Le plaisir d'écrire L'envie d'apprendre

Son titre pourrait laisser supposer ce chapitre accessoire. Au contraire, il est fondamental. Nous l'espérons incitatif car il concerne le moteur indispensable à un progrès harmonieux et efficace qui conduit l'enfant de ses premiers pas en maternelle jusqu'au terme de ses études, fussent-elles du plus haut niveau universitaire.

Madame Anne Sivirine, Inspectrice d'Académie, Directrice des services départementaux de l'Éducation nationale en Côte d'Or, disait, dans son allocution officielle de la journée de clôture du 72e congrès de l'AGEEM[1], combien il importe de prendre en compte que « l'école maternelle est le socle sur lequel se construisent les apprentissages et la base de la mise en place de la personnalité ».

En mettant en avant la bipolarité des fonctions d'assise de l'école maternelle – mise en place des apprentissages et construction de la personnalité – ces propos font un écho essentiel à l'intitulé du congrès « se souvenir pour grandir, de l'enfant à l'élève ». L'école maternelle est l'un des lieux, **le** lieu sans doute où, par-delà l'élève, se perçoit le plus l'enfant. Pour que l'élève réussisse, il faut que l'enfant ait envie d'apprendre.

La grande question initiale est donc : comment susciter l'envie d'apprendre ?

Nous ne prétendons pas donner de recettes miracles. Nous proposons simplement une méthode d'apprentissage de l'écriture qui a fait ses preuves et qui, si elle déroute un peu au début, emporte une adhésion forte dès les premières expérimentations.

Cette méthode est basée sur la modélisation de l'apprentissage de l'écriture fondée sur l'observation du geste graphique et la compréhension de sa mise en œuvre ; ceci pour son aspect technique qui, bien entendu, ne saurait exclure l'apport indispensable de l'exploitation des divers processus mnésiques.

1. Association générale des enseignants des écoles et classes maternelles publiques, créée en 1921. Son congrès réunit annuellement deux à trois mille personnes. Le 72e congrès, placé sous le haut patronage de Monsieur Claude Allègre, Ministre de l'Éducation nationale, de l'enseignement supérieur et de la technologie et de Madame Ségolène Royal, Ministre chargée de l'Enseignement scolaire s'est déroulé à Dijon en Juin 1999.

Si son originalité repose sur ce socle, sa réussite est aussi le fruit des contingences psychologiques qu'elle prend en compte.

L'ensemble a conduit des enseignants qui l'ont mise en œuvre à des constats encourageants : « J'ai été agréablement surprise de voir mes élèves prendre plaisir à essayer librement, recommencer, réinvestir. L'attitude des enfants qui s'investissaient peu en graphisme jusqu'à présent est visiblement différente ; ils s'essaient à plaisir » écrit une institutrice de moyenne section après mise en application de nos propositions. « Cette méthode m'a fortement déroutée à la lecture de l'ouvrage, j'ai cependant tenté de la mettre en place et après presque un an, (...) mes élèves ont pris goût à l'écriture et à la belle calligraphie, même les plus revêches[2] » écrit une enseignante dans un bulletin en ligne des écoles Freinet. « Mon grand plaisir a été de voir que tous les enfants étaient enthousiastes d'entrer dans l'écrit de cette manière » témoigne un professeur des écoles de grande section après une année d'expérimentation.

Ces témoignages ne sont pas là à titre de satisfecit mais pour mettre en évidence la notion de plaisir, d'enthousiasme même, à acquérir une compétence – celle de l'écriture – à partir d'une action ou plutôt d'un ensemble d'actions proposées par l'enseignant.

Le principe de cet étayage des apprentissages par le plaisir d'apprendre est simple : pour susciter le plaisir il faut qu'il y ait de la réussite ; pour qu'il y ait réussite il faut du plaisir. Autrement dit : si je sais faire j'ai plaisir à faire, donc j'ai envie de faire. Si j'ai envie de faire, je me mets en position d'améliorer et de développer mes compétences.

Ce principe a été mis en évidence par les travaux de Barak sur une « perspective cognitive des intérêts professionnels » (1981). Considérant que :

1. un individu exerce des activités et vit des expériences particulières en fonction de contingences qui lui sont propres (son milieu, ses tendances, tout un ensemble de circonstances spécifiques),
2. dans ces activités et ces expériences il rencontre des succès et des satisfactions (ou des échecs et des insatisfactions),
3. a. il en retire une perception particulière de ses aptitudes,
b. les succès suscitent une attente de nouveaux succès,
c. les satisfactions conduisent à anticiper de nouvelles satisfactions,

Barak suggère que ces perceptions et attentes sont susceptibles de modifier ou d'influencer les intérêts.

2. Bulletin du Secteur Maternelle de l'ICEM, n°19, page 13

Cette théorie peut être schématisée ainsi :

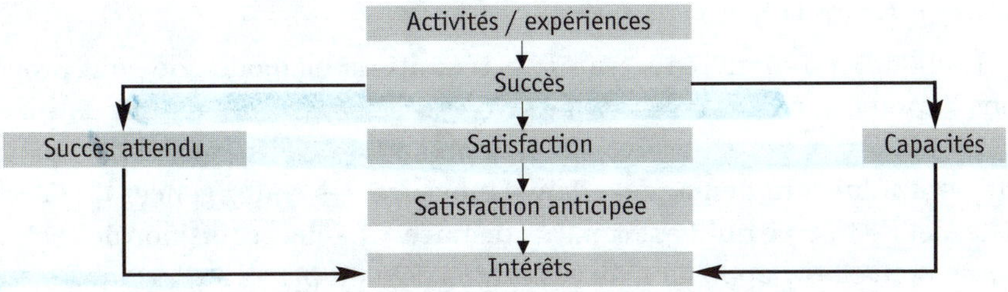

Modèle du développement et de l'évolution des intérêts d'après Barak, 1981, cité par J.-B. Dupont *in Traité de psychologie du travail*, PUF, 1987.

L'expérience personnelle relatée sur les ondes par un grand musicien en est l'une des innombrables illustrations. Confié encore enfant à un maître de talent, il ne s'est vu proposer que des œuvres qui lui semblaient faciles. La réussite de chaque interprétation était ainsi assurée et, par gradations successives, le maître l'entraîna vers les œuvres les plus difficiles du répertoire. C'est ainsi que plus tard il put aborder avec quiétude tous les concerts de plus haut niveau qui jalonnèrent sa carrière.

L'importance de l'intérêt dans la réussite est telle que le Strong, inventaire d'intérêts professionnels indiquant dans quelles activités le sujet peut se sentir à l'aise, est fréquemment utilisé en matière de recrutement et d'orientation professionnelle. C'est dire combien on considère que l'intérêt porté à une action en facilite la réussite.

Les tout petits n'échappent pas à cette règle bien naturelle qui veut que l'on soit attiré par ce que l'on réussit et découragé par ce que l'on rate et que, parallèlement, on réussisse mieux ce par quoi on est attiré.

À contrario, des tâches trop difficiles et dépourvues d'attrait ludique ont tout pour rebuter le jeune enfant et le décourager, non seulement de réaliser le travail demandé, mais aussi d'apprendre à écrire, voire de s'investir dans tout travail scolaire comme nous avons eu l'occasion de le constater maintes fois. Pour se convaincre de l'impact psychologique de tâches trop ardues sur le petit enfant, il suffit d'essayer d'écrire des prénoms arabes si on ne connaît pas cette langue ou encore d'essayer de mémoriser l'alphabet russe dans les 3 graphies (minuscules, majuscules, capitales typographiques) et de savoir à la fois reconnaître, nommer et lire ces lettres. Par souci d'intégrité intellectuelle et pour que la comparaison soit valable, on prendra soin non seulement de s'appliquer à percevoir ce que représente une telle tâche lorsqu'on sait qu'on va être « jugé » là-dessus, mais encore de s'imaginer ce que peut ajouter à cet état le fait de n'avoir été jusqu'alors confronté à aucun apprentissage scolaire, et tout particulièrement de ne savoir écrire aucune autre langue et de ne savoir ni lire ni écrire la langue concernée.

Prenant en compte ce moteur de la réussite, la méthode que nous proposons s'appuie sur la nécessité d'une entrée dans l'écrit avec plaisir : il ne sera proposé à l'enfant **que des activités qu'il est en mesure de réussir** ; parallèlement il lui sera demandé – dans la mesure des contingences de l'école maternelle – **tout ce qu'il est capable de faire**. Chaque acquisition de compétences nouvelles s'appuyant sur les acquis déjà en place, il importe 1. de ne pas brûler les étapes, 2. de travailler dans l'interdisciplinarité la plus vaste.

Nous attirons toutefois l'attention sur le fait que, s'agissant de la mise en application d'une modélisation (ce qui est très différent de proposer de reproduire des modèles), cette méthode ne portera pleinement ses fruits que si elle est suivie sans déroger à l'ordre chronologique, sans faire d'impasse sur l'un ou l'autre des contenus et sans brûler les étapes.

La répétition étant « non seulement la condition biologique de la mémorisation mais (...) aussi une des conditions de l'abstraction » comme le souligne A. Lieury[3], aucun apprentissage ne se fait sans répétition. L'enfant est donc appelé à reproduire souvent les mêmes actions. Afin de maintenir son intérêt, on veillera non seulement à lui proposer des champs d'action diversifiés, mais aussi à lui laisser une marge de choix. Par exemple, les tracés descendants destinés à l'apprentissage de la tenue du stylo seront proposés selon des thèmes, choisis par la maîtresse ou collectivement, à l'intérieur desquels l'enfant choisira lui-même entre plusieurs images : sur le thème des animaux sauvages il pourra faire les rayures du zèbre, ou fermer la cage du lion, dessiner les lianes auxquelles les singes pourront se suspendre, ou encore compléter les pattes de la girafe... et il n'est pas exclu qu'une fois son travail terminé l'enfant demande une autre image.

En résumé, considérant la nécessité de susciter chez l'enfant le plaisir d'apprendre et l'envie d'aller plus loin, nous avons conçu cette méthode sur la base de cinq points clés :

– Ne proposer à l'enfant que ce qu'il est en mesure de réussir.
– Utiliser tout ce qu'il sait faire.
– Travailler dans l'interdisciplinarité.
– Ne jamais brûler les étapes.
– Maintenir la motivation de l'enfant.

---

3. *Méthodes pour la mémoire – Historique et évaluation*, Dunod, 1996 – Alain Lieury, spécialiste de la mémoire, professeur de psychologie cognitive à l'université de Rennes 2, et directeur du laboratoire de psychologie expérimentale.

Qu'est-ce que l'écriture ? Modélisation de son apprentissage

2

Contenus pédagogiques et directives officielles françaises

Les conceptions modernes sur les apprentissages et sur l'école ont conduit à la mise en place de cycles, formule destinée à assouplir la gestion pédagogique des rythmes d'acquisition.

Au cycle des apprentissages premiers (cycle 1), où se mettent en place les bases des apprentissages, succède le cycle des apprentissages fondamentaux (cycle 2) qui tout d'abord affine les outils destinés à permettre l'acquisition des compétences (G.S) pour entrer ensuite de plain-pied dans l'acquisition-même de ces compétences (CP et CE1). L'entrée dans le monde de l'écrit est bien du domaine de l'école maternelle.

L'école maternelle est donc destinée, entre autres, à donner à l'enfant les outils nécessaires à l'acquisition des connaissances et compétences de l'école primaire. En conséquence, **l'acquisition des compétences techniques nécessaires à l'acte graphique est du domaine de l'école maternelle**.

L'acquisition de ces compétences techniques est l'objectif de la méthode que nous proposons, de façon à ce que l'enfant soit libéré des difficultés de mise en œuvre du geste d'écriture lorsqu'il s'agira pour lui au CP de produire du texte. L'idée est de faire construire par l'enfant les outils dont il aura besoin pour réaliser l'écriture de façon automatisée, plutôt que de lui imposer de réaliser cette performance sans qu'il en ait réellement les moyens. Il s'agit donc d'inscrire dans l'inconscient cognitif l'ensemble des **compétences à acquérir**, autrement dit de monter les automatismes du geste d'écriture, plutôt que de focaliser l'attention de l'enfant sur le détail de la trajectoire de chaque lettre isolément, ce qui risquerait d'être ensuite un handicap pour passer de l'acte de réalisation de la trace écrite à la perception du sens de l'écrit au fur et à mesure de son déroulement.

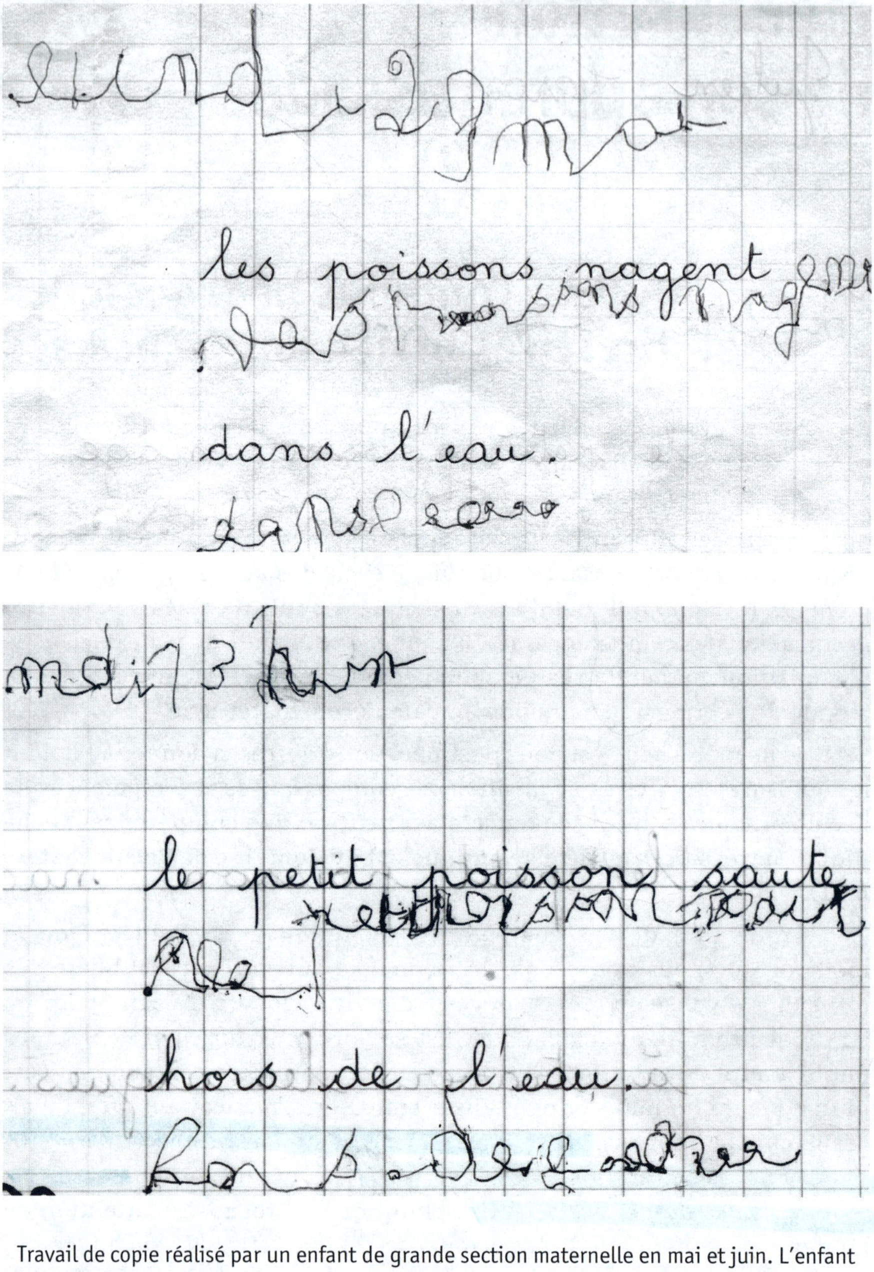

Travail de copie réalisé par un enfant de grande section maternelle en mai et juin. L'enfant n'était visiblement pas prêt. La répétition de l'exercice n'a pu que renforcer son sentiment d'échec. Il s'agit ici pour l'enfant d'essayer de reproduire le « dessin de l'écriture » sans réelle préparation à l'acte d'écriture. Seules les formes sont prises en compte.

Apprentissage de l'écriture au Quebec

Au Québec, l'apprentissage de l'écriture se fait à l'école primaire. Il sera donc sans doute plus pertinent d'y limiter l'éventail des activités ludiques que nous proposons. Cela ne signifie pas pour autant que des étapes doivent être supprimées ni brûlées. On gagnera, en revanche, à assurer toute la préparation antérieure à l'écriture elle-même en classe maternelle chaque fois que cela sera possible.

Définition de l'écriture

S'interroger sur la pédagogie de la préparation à l'écriture sans une solide réflexion préalable sur la didactique serait vain : si la question du « comment faire » est cruciale, celle du « que faire » ne saurait être éludée sous peine de tomber dans l'arbitraire.

Une méthode efficace ne saurait s'élaborer sans une définition des objectifs, surtout lorsqu'il s'agit de guider le tout jeune enfant dans l'écrit de façon ludique.

Quel est l'objectif de l'apprentissage de l'écriture ?

– En terme général, il s'agit de donner accès à une écriture qui puisse se pratiquer sans difficultés majeures, si possible avec aisance, et qui soit lisible par tous.

– En terme scolaire, il s'agit de doter l'enfant d'une écriture lisible, présentable et suffisamment rapide pour qu'elle puisse servir de support à l'ensemble de l'enseignement dispensé par l'école.

Qu'est-ce que l'écriture ?

Si la question est simple et peut même paraître simpliste, voire inutile, tant chacun a le sentiment de savoir clairement ce qu'est l'écriture, la réponse est cependant complexe. Ainsi l'expression « avoir une belle écriture » recouvre deux concepts différents :

1. écrire dans une belle langue, **2.** avoir une écriture agréable à regarder.

Nous ne nous attarderons pas sur la première compréhension de l'expression. S'il est vrai que le style est d'importance, qu'il se prépare dès les premières paroles et se travaille tout au long de la vie, ce n'est pas par cette écriture-là que nous proposerons l'entrée dans la trace écrite. Nous ne négligerons pas pour autant la prise en compte de la signification de l'écrit.

La seconde acception concerne l'aspect matériel de l'écrit. Là encore la simplicité apparente cache une complexité plus grande qu'on ne le supposerait a priori.

Comparons les deux expressions : « ton écriture est trop lente », « ton écriture est illisible ».

Considérons le maître en train de les prononcer. Nous percevons alors la différence : « ton écriture est trop lente » dit le maître *en regardant l'enfant écrire*, « ton écriture est illisible » dit le maître *en regardant le cahier*.

L'aspect matériel de l'écrit renvoie donc à deux approches différentes :

1. l'écriture en cours de production, **2.** l'écriture produite sur un support ; autrement dit, **1.** l'écriture en tant que produit en cours de réalisation **2.** l'écriture en tant que produit fini.

• En tant que ***produit fini***, l'écriture manuscrite partage avec l'écriture imprimée les mêmes contingences spatiales :

– elle a une dimension régulière qui investit une zone médiane où se forment les petites lettres, une zone des hampes qui se développe au-dessus de la zone médiane et une zone des jambages qui descend sous la ligne ; ces trois zones entretiennent entre elles des rapports de proportion déterminés ;

– elle a une direction horizontale et un sens de déroulement le long de la zone médiane – de gauche à droite pour la lecture et l'inscription à la main des écritures cursives romaines, de droite à gauche pour l'écriture arabe ;

– ses lettres sont régulièrement espacées dans des mots eux-mêmes régulièrement espacés ;

– leur axe est régulièrement vertical.

La régularité est stricte en ce qui concerne l'écriture imprimée ; elle l'est moins en ce qui concerne l'écriture manuscrite.

Nous nommerons **gestion statique de l'espace graphique** ce qui concerne ces aspects-là de l'espace de l'écriture car ils peuvent être indépendants du geste réalisé pour « écrire ». Ainsi l'enfant peut « écrire » une phrase en collant côte à côte des vignettes portant chacune un mot de la phrase : la dimension des lettres, leurs proportions n'ont rien à voir dans ce cas avec le geste de l'enfant.

• Considérer l'écriture ***en cours de réalisation*** met l'accent sur la différence entre la formation des lettres de l'écriture manuscrite et la production de l'écriture imprimée :

– c'est en tapant sur des touches de clavier, donc en faisant un geste sans rapport direct avec la forme des lettres, qu'on produit à l'écran ce qui sera ensuite imprimé, même s'il s'agit d'une police d'écriture cursive ;

– c'est en faisant un geste formateur des lettres qu'on écrit directement sur un papier ou sur un autre support.

Nous nommerons cette dernière façon de traiter l'espace de l'écriture manuscrite la **gestion dynamique de l'espace graphique** puisque c'est par la dynamique du geste que se crée la forme, même quand on utilise des caractères typographiques.

La perception de la création des formes (gestion dynamique de l'espace graphique) et de la façon dont elles sont déposées sur le support (gestion statique de l'espace graphique) peut donc être dissociée, ce qui donne un éclairage particulier à **la définition de l'écriture** :

L'écriture est le produit d'un geste qui gère l'espace pour créer et déposer sur un support des formes codifiées non symboliques dont l'agencement en lettres puis en mots constitutifs de phrases ou isolés permettra au lecteur qui connaît le code de saisir le sens de l'écrit.

Modélisation de l'apprentissage de l'écriture

Cette définition de l'écriture porte en elle celle du mécanisme de son apprentissage, autrement dit la **modélisation de son apprentissage**, qui se schématise dans le tableau ci-après (page 14). Comme toute modélisation, elle vise à une finalité (colonne de droite du tableau) en partant de la mise en place de compétences de base (colonne de gauche) visant à un objectif (2e colonne) qui concerne chacune des compétences à acquérir pour écrire correctement (3e colonne), c'est-à-dire pour atteindre la finalité (colonne de droite).

Cette modélisation donne donc le schéma de la mise en place des automatismes qui installeront le geste d'écriture dans l'inconscient cognitif, libérant ainsi l'esprit pour la conception des idées à coucher sur le papier.

Autrement dit, nous proposons que l'enseignement de l'écriture se réfère à la modélisation de l'automatisme du geste d'écriture, ce qui diffère de la référence à un répertoire de graphisme voire de modèles de lettres à reproduire. Il s'agit bien de préparer au *geste* d'écriture donc de mettre en place les processus neuronaux en œuvre dans l'acte d'écriture.

Mise en place des compétences de base	Objectif	Compétences a acquérir	Finalité
Latéralisation →	**Repérage par rapport au schéma corporel** **Repérage dans l'espace** →	• Usage de la main appropriée • Sens de l'écriture	Obtention d'une écriture cursive fluide, claire, lisible, bien disposée dans la page et dans le lignage, autorisant directement l'accès à la fonction sémantique de l'écriture.
Développement des compétences motrices →	**Mobilité adéquate des organes scripteurs** →	• Tenue correcte du crayon • Posture adaptée • Déplacement adapté des organes scripteurs	
Développement des compétences visuospatiales et auditives →	**Gestion statique de l'espace graphique** →	• Organisation de l'espace graphique*	
Développement des compétences kinesthésiques →	**Gestion dynamique de l'espace graphique** →	• Production des formes de base de l'écriture au moyen de gestes adaptés et agencement de ces formes	

* Horizontalité de la ligne, régularité des dimensions, régularité de l'axe des lettres, régularité et proportion des espaces inter lettres, des espaces inter mots et des espaces interlignes.

La mise en œuvre de cette modélisation appelle quelques commentaires.

Au risque de nous répéter, **nous insisterons sur la nécessité d'asseoir solidement une compétence avant de passer à la suivante**, afin de bien ancrer l'automatisme, car la tentation est grande de vouloir brûler les étapes. Toutefois, il ne faut pas se méprendre sur la signification de cette recommandation : il ne s'agit pas de traiter la rubrique 1 (Latéralisation), puis la rubrique 2 (Développement des compétences motrices) etc. mais bien de traiter l'ensemble en concomitance en considérant la logique de la progression, à savoir :

• **Considérant que l'écriture est le produit d'un geste, il est indispensable de s'assurer de la possibilité de réaliser correctement ce geste :**

– cela concerne tout d'abord le choix de la main scriptrice et le repérage dans l'espace. Tout enfant doit être en mesure d'écrire avec la main qui, pour lui, est la mieux adaptée à cette fonction. L'enfant devra donc être latéralisé c'est-à-dire, dans la perspective qui nous préoccupe, savoir se repérer par rapport à son schéma corporel et, dans le même temps – c'est pourquoi nous l'avons placé sous une même mise en place de compétence de base – savoir se repérer dans l'espace graphique. Ce sera l'objet de notre chapitre 3 : *La latéralité* ;

– cela concerne aussi la façon d'utiliser au mieux les organes scripteurs ; nous traiterons du développement des compétences motrices au chapitre 4 : *La tenue du crayon – La position de la main – La posture.*

• En même temps que la prise en compte de la possibilité physique et psychomotrice de réaliser l'acte graphique (latéralisation et développement des compétences motrices), il y a lieu de **préparer l'enfant à gérer l'espace de l'écriture considéré en lui-même** tel que nous venons de l'évoquer sous le titre de gestion statique de l'espace graphique **et considéré dans la dynamique du geste créateur des formes**, c'est-à-dire dans le cadre de la gestion dynamique de l'espace graphique.

• De même qu'en langue des signes il est nécessaire de « planter le décor » avant de pouvoir exprimer une action[1], en apprentissage de l'écriture il est nécessaire de savoir comment déposer correctement les formes sur le papier avant de le faire. Autrement dit, **bien que leur réalisation soit préparée** (par la gestion dynamique de l'espace graphique) ***en même temps que*** **la façon de les mettre en place** (c'est-à-dire la gestion statique de l'espace graphique), **les formes ne seront réalisées sur le papier que lorsque cette compétence de mise en place sera acquise**. C'est pourquoi le développement des compétences visuo-spatiales et auditives nécessaires à la gestion statique de l'espace graphique, c'est-à-dire à tout ce qui concerne l'espace considéré pour lui-même, figure dans la modélisation *avant* le développement des compétences kinesthésiques qui vise à faire entrer l'enfant dans la gestion dynamique de l'espace graphique.

Il serait en effet erroné de croire, à partir de cette antériorité *dans le tableau de modélisation*, que les étapes se succèdent. Les quatre étapes se conduisent en même temps car elles participent toutes du geste d'écriture tel que nous l'avons défini sur la base des propositions du psychologue Heiss[2] puisque telle est la façon dont ce geste se réalise.

• **C'est en développant les compétences kinesthésiques nécessaires à la réussite de la gestion dynamique de l'espace graphique que l'enfant apprend à créer les formes de l'écriture – par quoi le message va être rendu visible – et à assurer leur fluidité.** Ces formes ne peuvent être pleinement réussies que lorsque tout le reste est préalablement réussi, c'est pourquoi les premières écritures à proprement parler n'interviennent, selon la méthode que nous proposons, qu'au niveau de la finalité (courant MS, au mieux fin PS, à défaut début GS en France ; en première année de primaire au Québec).

---

1. Par exemple, en langue des signes on ne peut pas exprimer l'idée de poser un verre sur une table si on n'a pas évoqué la table avant ; de même on ne peut pas évoquer un skieur qui descend la montagne sans avoir auparavant évoqué la montagne.

2. Cette définition est dans l'esprit de celle de Heiss (1903-1971) directeur de l'Institut de psychologie à l'Université de Fribourg en Brisgau, auteur de nombreux ouvrages de philosophie et de psychologie non traduits en français ainsi que du test de la pyramide des couleurs. Heiss dit en substance que l'écriture est le produit d'un mouvement qui utilise l'espace pour créer des formes.

Nous traiterons de cet aspect de l'apprentissage de l'écriture à partir du chapitre 7 qui concerne *la gestion dynamique de l'espace* après en avoir présenté *la gestion statique* au chapitre 5 et avoir traité des *unités minimales de formation de l'écriture* au chapitre 6. L'agencement des formes en lettres puis des lettres en mots demande des compétences spécifiques dont l'apprentissage se fait en même temps que celui des formes elles-mêmes. Il participe donc de la gestion dynamique de l'espace graphique, c'est pourquoi nous ne l'avons pas dissocié dans la modélisation.

La prise en compte de la définition du geste d'écriture dans l'élaboration de la modélisation de son apprentissage évite que l'écriture de l'enfant se limite à un dessin de formes reproduites tant bien que mal puisqu'il s'agit d'une automatisation du geste, et non de sa verbalisation ni de la reproduction des formes sur la base de seules observations visuelles commentées ou non.

La modélisation de l'apprentissage de l'écriture en prend donc en charge tous les aspects :

• Ce qui est connexe à l'acte d'écriture, donc indispensable sans être spécifique à l'écriture :
– le repérage par rapport au schéma corporel et le repérage dans l'espace ;
– une mobilité adéquate des organes scripteurs ;

• Ce qui est spécifique à l'écriture :
– la gestion statique de l'espace graphique, commune à l'écriture imprimée et à l'écriture manuscrite, et pour l'apprentissage de laquelle les déplacements ou les gestes de l'enfant sont indépendants de la forme des lettres ;
– la gestion dynamique de l'espace graphique spécifique à l'écriture manuscrite car c'est le geste de l'enfant qui crée alors les formes.

Sans apprentissage de la gestion statique et de la gestion dynamique de l'écriture, les formes de l'écriture peuvent être reconnaissables mais elles ne sont pas portées par le mouvement.

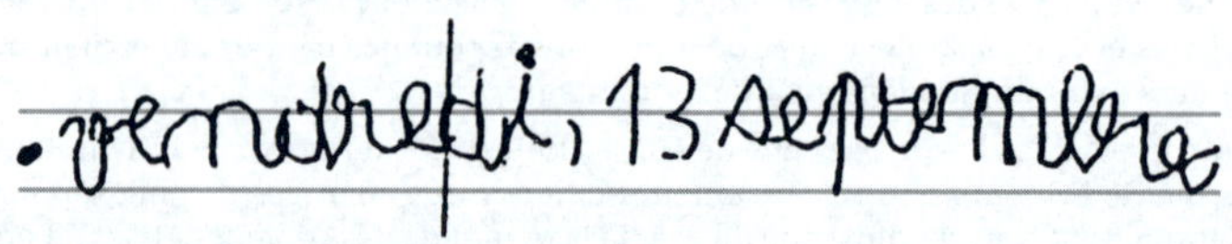

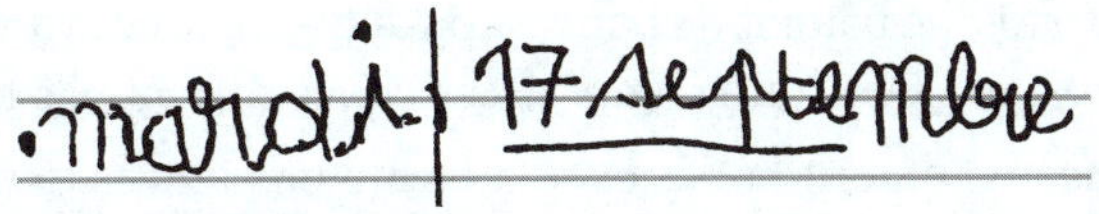

L'apprentissage du mouvement n'a pas précédé celui de la forme : chaque tracé est réalisé pour lui-même, sans fluidité. La gestion statique de l'espace n'a pas été apprise non plus. Cahier de début CP. Écriture immobile, tremblée, à reprises, c'est-à-dire avec des arrêts et des « raccords » entre les lettres. Ligne non tenue. Dimensions inégales et mal différenciées (observer « tem » dans « septembre »).

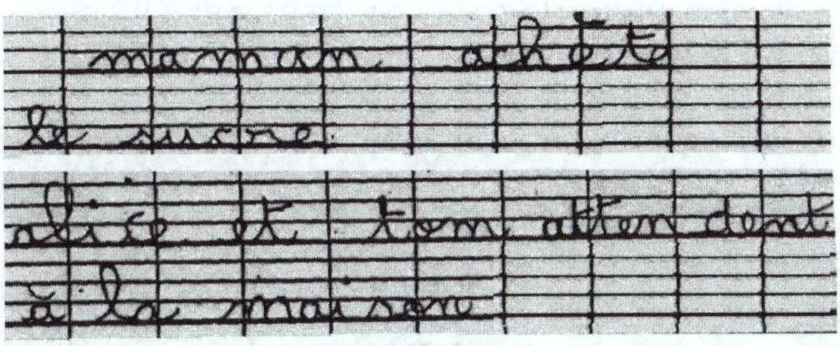

L'apprentissage du mouvement (point d'attaque, sens de rotation, fluidité du geste) a précédé celui de la forme : l'écriture est fluide. La gestion de l'espace est cohérente. Le trou au milieu du mot « atten/dent » est lié au fait que l'enfant ne sait pas lire. Deuxième trimestre de GS.

La gestion dynamique de l'espace graphique a une triple fonction :

– d'une part elle assure la fluidité du geste,
– d'autre part elle assure la production des formes de base qui serviront à tracer les lettres correspondant au code fixé par le système graphique,
– enfin, elle consolide la gestion de l'espace graphique, traité par ailleurs par la gestion statique.

Si la forme des lettres n'a pas toujours été ce qu'elle est et si elle varie d'un système graphique à l'autre, elle est suffisamment stable à l'échelle humaine dans chaque système graphique pour se transmettre sans difficultés d'une génération à l'autre.

Cette apparente absence de difficultés permettrait d'envisager des formules d'enseignement diverses. Les unes traiteraient des lettres dans l'ordre alphabétique, d'autres commenceraient par les voyelles pour des raisons phonétiques dans les écritures qui en possèdent, d'autres encore proposeraient en premier les mots les plus usités ou les plus chargés affectivement (maman, papa en français, … ou l'écriture du prénom), d'autres enfin présenteraient toute tterie de ronds, de bâtons, de ponts … ou autres figures avant d'entrer dans des lettres, etc. On l'aura compris, ces choix ne sont pas les nôtres.

Nous sommes tellement habitués à la forme des lettres de notre écriture qu'elle nous semble presque aller de soi. La tentation est donc grande de faire l'économie d'un questionnement sur ces formes pour asseoir la progression de l'apprentissage de l'écriture sur des considérations qui ne les prennent pas en compte : ordre alphabétique, phonétique, affectivité, graphisme, etc. Cette absence de questionnement est évidente dans nombre de graphismes qui, bien que traditionnellement présents dans les cahiers de maternelle au titre de la préparation à l'écriture, n'ont aucun rapport avec la forme des lettres, ni avec le maniement du stylo, ni avec la gestion de l'espace graphique, encore moins avec un écrit porteur de sens.

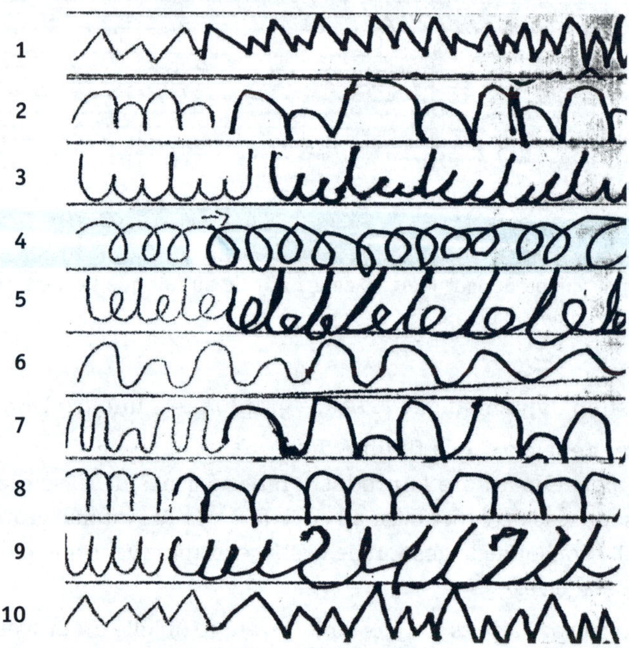

1. Zigzags réguliers incitant à déplacer le bras de haut en bas au lieu de bouger les doigts et à faire des lettres de dimension inégale car ils sont visiblement conçus comme des formes à reproduire exactement. Le modèle montre par lui-même que l'objectif et la consigne diffèrent de ce que nous proposons pour la « course aux zigzags » [3].
2. Ponts de hauteurs différentes incitant à avoir une écriture de dimension inégale et à arrêter m, n, p, h droit sur la ligne (voir obs. 8).

3. *Cf.* Le mouvement des doigts *in* chapitre 4 : La tenue du crayon – La position de la main et du corps page 54 et pages 23 et 24 du cahier 1 *Latéralité et tenue du crayon, Gestion de l'espace*, Collection Les cahiers d'écriture, Maternelle, Danièle Dumont, Hatier, 2003.

3. Attaque d'en haut et finale en haut, ce qui est contraire à l'attaque et à la finale des mots de notre écriture calligraphique romaine (*cf.* chapitres 6 et 10).
4. Boucles à l'envers qui n'existent que dans le z et qui incitent à tracer les o, a, d, q, g à l'envers.
5. Même anomalie d'attaque que 3.
6. et 7. Vagues n'existant pas dans l'écriture et incitant à un tracé mou.
8. Suites de ponts adossés conduisant à faire des cassures à la fin des m, n, p et h pour enchaîner sur la lettre suivante ou à s'arrêter dans les m et n s'il s'agit de cannes et non de ponts.
9. Mêmes anomalies que 3 + ligne d'éléments semblables à des hampes bâtonnées ce qui est contraire à notre écriture cursive romaine car elle ne présente jamais plus de deux lettres à hampes bâtonnées (t et d) consécutives.
10. Mêmes problèmes que 1.

Fiche de graphisme censée préparer à l'écriture mais engendrant, au contraire, des difficultés. Outre les anomalies relevées, ces tracés ont l'inconvénient d'être des modèles à reproduire tel quel sans discontinu sur toute la ligne, ce qui demande un effort gratuit de concentration puisqu'aucun mot n'est jamais aussi long. Par ailleurs, étant réalisée sans autre objectif que sa propre production, cette activité est peu motivante. Réduction 50 %.

L'analyse de cette fiche de graphisme et la considération des pratiques de classe conduisent à poser une autre question, plus générale, à côté de celle des formes de base de l'écriture : existe-t-il d'autres activités graphiques que celles qui concernent la production de lettres ?

Les différents types d'activités graphiques

Nous avons vu que la finalité de l'apprentissage de l'écriture est de donner à l'enfant les moyens de communiquer par un code reconnaissable par tous, mis en œuvre avec économie et facilité.

L'apprentissage de l'écriture exclut donc de son champ d'action les activités graphiques qui ne répondent pas au code (c'est-à-dire aux formes introduites par la gestion dynamique de l'espace graphique), ni à sa mise en œuvre (latéralisation, motricité des organes scripteurs, gestion statique de l'espace graphique).

Cela conduit à distinguer trois types d'activités graphiques :

1. **celles qui répondent au code ou qui visent à y répondre : la préparation à l'écriture puis l'écriture,**

2. **celles qui ne répondent pas au code mais à des consignes données par l'enseignant (essentiellement dans un but décoratif) : nous les appellerons graphisme,**
3. **celles qui ne répondent ni au code, ni à des exigences de mise en forme et de mise en page : ce sont les dessins libres.**

Ainsi :

– la peinture à doigts concerne la préparation à l'écriture si, et seulement si, elle consiste à faire de petits traits verticaux descendants[4] ;

– revus sous l'angle de la préparation à l'écriture, les tracés verticaux sont du registre de la tenue du stylo et de la position de la main ;

– des lignes brisées dessinées dans les ovales des œufs de Pâques sont du registre du graphisme sauf s'il s'agit de faire bouger les doigts le plus vite possible de bas en haut et de haut en bas sans se soucier de la parfaite régularité des zigzags, auquel cas il s'agit d'un exercice de motricité fine des doigts[5].

Sauf consignes spécifiques, les bonhommes sont du registre du dessin libre y compris leur tête ronde tandis que l'apprentissage du rond est du registre de la préparation à l'écriture lorsqu'il est attaqué en haut à droite et qu'il se déroule dans le sens antihoraire.

La fumée qui s'échappe de la cheminée en faisant des boucles est du registre de la préparation à l'écriture quand elle tourne dans le sens inverse des aiguilles d'une montre et que le vent la pousse de la gauche vers la droite.

À l'instar des suites de lignes brisées décorant les œufs de Pâques déjà évoquées destinées à la mise en place simultanée du mouvement des doigts et de la progression du bras, nombre d'activités de l'école maternelle peuvent être pensées pour un réinvestissement en préparation à l'écriture. C'est le cas en interdisciplinarité de certains jeux, de certaines activités musicales, de la préparation d'exercices de motricité ou encore de lectures de contes à titre de support de latéralisation comme nous le verrons le moment venu.

À ce sujet, cette préparation novatrice au geste d'écriture appelle des précisions en ce qui concerne l'**énoncé des objectifs**.

---

4. *Cf.* chapitre 4 pages 51 et 61.

5. *Cf.* chapitre 4 pages 54, 61 et 62.

Objectif de l'enseignant et objectif de l'enfant – Charge cognitive et réinvestissement

S'il est évident que l'enseignant doit avoir clairement à l'esprit les progressions et programmations qui découlent de la modélisation, l'expérience nous a montré que, en revanche, la façon dont il doit répercuter aux enfants l'énoncé de l'objectif ne lui apparaît pas toujours évidente.

Lors de la mise en place des compétences de base nécessaires à l'obtention d'une écriture pertinente, la finalité de l'opération doit être explicite dans l'esprit de l'enseignant, cela va de soi. En revanche il importe que l'enseignant ait conscience que cette même connaissance de la finalité peut perturber l'enfant.

Ainsi il est plus perturbant que constructif de dire à des enfants de 2 à 4 ans, à qui on apprend à jouer au croquet selon une règle spécifique – ou au hockey pour l'écriture arabe – [6] qu'ils sont en train d'apprendre à écrire ou encore, plus précisément, qu'ils sont en train d'apprendre le point d'attaque et le sens de rotation de la majorité des lettres dans le cadre de la gestion dynamique de l'espace graphique.

De même, il est plus perturbant que constructif de dire aux enfants qu'ils sont en train d'apprendre à écrire, ou plus précisément d'apprendre à gérer leur espace graphique, lorsqu'on leur propose d'aligner les unes derrières les autres dans l'espace jeux les voitures « en attente au péage de l'autoroute » ou de mettre en file indienne les canards qui vont à la mare dans un décor en images qu'ils auront disposé sur une table, etc.

Présentant les travaux de John Sweller sur la charge cognitive et l'apprentissage dans la revue de Psychologie de l'Éducation 1998, 3, 37-64, André Tricot éclaire cette nécessité de différencier l'objectif de l'enfant et celui de l'enseignant : « Quand on spécifie le but d'un problème à un sujet qui ne possède pas le schéma pour résoudre ce problème immédiatement, on induit chez lui une démarche d'analyse moyens-fins qui peut être extrêmement coûteuse cognitivement et se solder par une absence d'apprentissage. En effet, avec ce type de stratégie de résolution de problème, le sujet doit maintenir de façon constante en mémoire de travail, à la fois le but, l'état du problème, les relations entre eux,

6. *Cf.* chapitre 7, page 114.

les opérateurs qui peuvent réduire la différence entre eux et les sous-buts. En revanche, les problèmes sans but spécifié ne requièrent que le maintien en MDT[7] de chaque état du problème et des opérateurs qui peuvent s'y appliquer ».

Nous proposons donc d'énoncer à l'enfant l'objectif concret à atteindre dans l'étape considérée de l'acquisition des compétences (ex. « faire passer la balle de croquet sous l'arceau en partant de là pour aller là et en se plaçant ainsi ») et d'assurer explicitement le réinvestissement à chaque passage à l'étape suivante de la progression (« tu fais comme quand… »).

La verbalisation du rappel de la compétence acquise est en effet utile et parfois nécessaire, voire indispensable, lors de l'accès à l'étape suivante. Par exemple pour faire tourner le ruban : « commence comme pour le jeu de croquet et tourne ». Pour le réinvestissement d'une des étapes de la gestion statique de l'espace graphique : « colle les images régulièrement comme tu as placé les voitures au péage de l'autoroute ».

Fondée sur la modélisation de l'apprentissage de l'écriture, la méthode que nous proposons prend sa force dans la multiplicité des encodages mnésiques (visuels, auditifs, kinesthésiques, émotionnels) et dans l'organisation en schéma des informations encodées dans la mémoire à long terme, ce qui facilite la récupération dans la mémoire de travail en diminuant la charge cognitive au moment de cette récupération.

Une fois réussi l'apprentissage de l'écriture, les ressources ne seront plus mobilisées pour l'acte d'écriture et seront disponibles pour l'acquisition des connaissances qui passent par cet acte d'écriture, ce qui facilite grandement les apprentissages, c'est pourquoi nous avons pu noter qu'un apprentissage implicite de la lecture commence à se mettre en place dès les premières écritures.

La place de cet enseignement dans le cycle des apprentissages premiers

En proposant de développer des compétences motrices, visuo-spatiales, auditives et kinesthésiques, cette modélisation met en évidence l'interdisciplinarité indispensable à cet apprentissage qui peut alors commencer dès l'arrivée de l'enfant en maternelle en PS ou TPS, mais qui, à défaut, peut aussi commencer en MS voire en GS si ça n'a pas été fait avant.

7. MDT : mémoire de travail.

Vouloir commencer cet enseignement dès la petite section peut paraître ambitieux. Il n'en est rien, l'expérience l'a prouvé. L'enfant n'y est appelé à faire que ce qu'il est capable de faire[8]. Sur cette réussite se construisent d'autres projets de réussite qui assurent à l'enfant une progression efficace, à la condition de ne pas vouloir brûler les étapes. Par exemple, il n'est jamais imposé à l'enfant d'écrire ce qu'il n'est pas en mesure d'écrire, des étiquettes ou l'enseignant sont là pour ça. Bien sûr, s'il souhaite « écrire » en dehors des gestes qui lui ont été appris, il n'est pas question de le lui interdire ; mais il vaut mieux que cela corresponde à son propre désir et que l'enfant fasse la différence entre cet essai, cette approximation – qui s'améliorera plus tard avec de nouveaux acquis – et l'écriture qu'il sait réellement tracer.

En attendant d'accéder à l'écriture cursive, l'enfant peut utiliser les majuscules typographiques dès qu'il sait tenir et manier le crayon et gérer l'espace graphique. Elles constituent une bonne solution d'attente lorsque le travail entrepris sur le langage incite l'enfant à vouloir écrire.

Bien que la méthode que nous proposons ne consiste pas à copier des formes, voici, à titre d'information sur les aptitudes graphiques de l'enfant, un extrait des baby-tests, d'Arnold Gesell[9] datant de 1949 :

– à 24 mois l'enfant est capable d'imiter un trait vertical et un trait circulaire,

– à 30 mois il est capable d'imiter un trait vertical et un trait horizontal,

– à 36 mois il est capable de copier un cercle d'après un modèle et d'imiter grossièrement une croix.

L'expérience montre qu'une gestion adaptée de l'espace graphique (horizontalité, tenue de ligne, régularité des espaces, des dimensions et de la verticalité des productions graphiques) est obtenue plus vite et plus facilement chez les enfants de petite section que chez les grands. Le réinvestissement des acquis en matière de gestion de l'espace se fait spontanément chez les petits alors qu'il faut le susciter chez les plus grands.

Universalité de la méthode

Étant fondée sur la définition de l'écriture cursive manuscrite, cette modélisation s'applique à tous les systèmes d'écriture manuscrite : le

8. *Cf.* chapitre 1

9. *General Instructions to accompagny the Gesell Developmental Schedules*, 1949, éditée par The psychological Corporation New York, d'après E. et G. Guilmain, *L'activité psychomotrice de l'enfant. Son évolution jusqu'à douze ans*, E. et G. Guilmain, Librairie médicale, Vigné, 1971.

principe est universel, seuls les contenus diffèrent (ex. la forme des lettres, leur mode d'enchaînement et leur sens de déroulement n'est pas le même dans l'écriture arabe que dans l'écriture romaine).

Nous centrerons toutefois l'essentiel de cet ouvrage sur l'écriture romaine utilisée en France mais nous signalerons dans chaque chapitre concerné les différences entre l'écriture française et **l'écriture américaine et québécoise**. Le lexique et la grammaire utilisés pour l'écriture romaine étant exclusivement en français, nous présenterons ces variations sous le nom d'écriture québécoise. Nous évoquerons aussi **l'écriture arabe** qui utilise d'autres formes, les module différemment des nôtres en faisant disparaître, à l'intérieur des mots, la plupart des jambages et gère aussi autrement le sens de déroulement du tracé et les dimensions.

L'écriture devant rester lisible par tous, il n'existe aucune raison pour que les lettres à enseigner varient soudain au point d'en modifier l'apprentissage des formes. Il n'existe aucune raison non plus pour que changent les proportions, l'horizontalité de la ligne, la régularité des espaces et des dimensions des modèles de référence. En revanche, et nous l'avons déjà vu dans le passé, l'inclinaison des lettres peut changer. Il n'en reste pas moins que la régularité de cette inclinaison fait partie des normes du code scriptural.

À ce sujet, notre station debout et la verticalité des éléments essentiels de notre environnement (architecture, végétation...) imposent d'emblée au regard et à l'intellect des référents environnementaux essentiellement perpendiculaires (horizontalité du sol, verticalité des objets : maisons, arbres, poteaux, panneaux divers, forme des livres, des boîtes, des feuilles de papier, etc.). Par ailleurs, sauf exception, l'écriture imprimée est verticale sur tout type de support et dans tout type de contexte. Il s'ensuit que l'apprentissage de l'écriture verticale est plus facile pour l'enfant qui peut ainsi s'appuyer sur des référents visuels familiers et que l'enseignement est plus facile pour l'enseignant qui peut diversifier plus amplement les thèmes d'activités. Une fois l'écriture maîtrisée et la vitesse acquise, une légère inclinaison – de degré variable selon les personnes – peut apparaître avec le temps, cela n'est pas un problème si elle reste sensiblement régulière. Il serait dommage, en revanche, de priver l'apprentissage de l'écriture de référents visuels auxquels l'enfant est habitué dès la naissance pour l'installer dans d'autres référents créés artificiellement.

POUR UNE BONNE MISE EN PRATIQUE

☺ À FAIRE

☺ Différencier l'écriture du dessin libre et du graphisme.
☺ Repérer les activités traditionnellement dites de graphisme qui peuvent servir à la préparation à l'écriture.
☺ Les exploiter comme telles.
☺ Travailler les activités préparatoires à l'écriture en concomitance.
☺ Utiliser l'interdisciplinarité.

☹ À NE PAS FAIRE

☹ Confondre écriture et graphisme.
☹ Confondre écriture et calligraphie.
☹ Préparer à l'écriture par des lignes de traits verticaux, horizontaux, obliques... des ronds, des zigzags ou des « vagues ».
☹ Faire interférer les fiches de graphisme dans la préparation à l'écriture.
☹ Dissocier les activités de préparation à l'écriture et les utiliser comme des « recettes » indépendantes les unes des autres, c'est-à-dire sans percevoir leur lien avec la mise en œuvre du geste d'écriture.

3

La latéralité

Outil scripteur et organe scripteur

La modélisation de l'apprentissage de l'écriture a mis en évidence la nécessité de s'interroger sur la latéralité de l'enfant et de le faire écrire avec la main qui lui convient le mieux pour cela.

Le maniement correct du crayon ou du stylo présuppose en effet l'usage d'un organe scripteur adapté. S'impose immédiatement l'image de la main. Pourtant ceux qui en sont dépourvus de naissance ou par accident écrivent ; ils écrivent avec le pied, avec la bouche, avec les deux moignons des bras utilisés comme pince... D'autre part des malades ayant l'intégrité de leurs membres mais souffrant de pathologies du cerveau ont une écriture profondément altérée et parfois même sont incapables d'écrire. La main n'est donc elle-même qu'un outil ; l'organe scripteur véritable est le cerveau.

Les statistiques

Ce constat n'exclut pas que la majorité des gens écrivent avec leur main, en l'occurrence la main droite. G. Serratrice et M. Habib rapportent[1] que deux chercheurs canadiens, Corenc et Porac, ont démontré l'universalité et l'ancienneté de l'utilisation préférentielle de la main droite : « Plus de 1 000 photographies et reproductions de dessins, peintures, sculptures, outils et armes fabriqués par l'homme au cours des 5 derniers millénaires » ont été examinées. Elles ont montré que « dans 93 % des cas, quels que soient le lieu et la période d'origine des œuvres, les indices étaient en faveur de l'utilisation de la main droite[2] ».

1. Georges Serratrice membre de l'Académie de médecine, professeur de clinique des maladies du système nerveux et de l'appareil locomoteur. Michel Habib, neurologue des hôpitaux de Marseille, enseignant en neurologie et en neurosciences à l'université d'Aix-Marseille.

2. *L'écriture et le cerveau – Mécanismes neurophysiologiques*, Éditions Masson, 1993.

Si ces résultats peuvent encore laisser supposer que l'usage de la main droite est un fait essentiellement culturel, cette supposition tombe lorsqu'on apprend, grâce aux examens échographiques, que 95 % des fœtus sucent leur pouce droit[3].

Toujours selon les mêmes sources, dans les pays industrialisés[4] laissant le libre choix de la main, 8 à 13 % des lycéens écrivent de la main gauche. Ce qui représente 2 à 4 élèves sur une classe de 30.

Actuellement en France, le nombre d'élèves de maternelle et de primaire écrivant de la main gauche semble plus élevé selon les informations recueillies au cours de nos séances de formation destinées aux enseignants des cycles 1 et 2. On nous parle souvent de 7 à 8 élèves écrivant de la main gauche par classe ce qui représente ± 30 % de gauchers. Cela porte à s'interroger sur l'authenticité de leur gaucherie. Parallèlement, les enfants écrivant de la main gauche qui nous sont conduits en rééducation graphique sont très majoritairement à dominante latérale manuelle droite. Contrairement à une idée reçue, un changement de main scriptrice peut se faire à tout âge surtout s'il s'agit d'apprendre à écrire de la main droite lorsqu'on est droitier ou de la gauche si on est gaucher.

Notre propos étant prioritairement de fournir au lecteur un outil pédagogique pratique, nous ne traiterons pas du fonctionnement du cerveau ni des centres mis en œuvre dans l'acte d'écrire, sujet complexe qui recouvre aussi bien le geste d'écriture que la production du texte lui-même et que d'autres ont traité beaucoup mieux que nous ne saurions le faire.

Habitude ou disposition naturelle ?

Un entraînement approprié permet d'écrire de la main controlatérale, c'est-à-dire de la main qui ne correspond pas à la latéralité naturelle du scripteur. Il ne s'agit pas d'inversion de la latéralité, le scripteur conservant par ailleurs sa latéralité d'origine. C'est le cas des gauchers contrariés (qui ne concerne plus les jeunes de notre pays). C'est le cas des handicapés et accidentés que nous avons évoqués plus haut.

3. Observations répétées d'un examen à l'autre pour le même fœtus au cours de l'échographie de 224 femmes enceintes. Observations rapportées dans « Nature » selon Georges Serratrice et Michel Habib, *L'écriture et le cerveau*, *op. cit.*

4. Australie, Canada, Suède, Pays-Bas, France...

L'expérience montre que la réussite ne dépend pas de la date du handicap mais de la qualité du réinvestissement de la main la moins habile. Le lecteur pourra comparer ci-dessous deux écritures. Celle d'un droitier de 25 ans qu'un accident survenu à la naissance a privé de la possibilité de fermer suffisamment la main droite pour tenir un stylo et qui est donc contraint d'écrire de la main gauche. Celle d'un autre droitier de 16 ans qui a perdu la main droite deux ans plus tôt et qui a appris à écrire de la main gauche en trois mois alors qu'il était très malhabile de cette main.

La réussite ne dépend pas de la date du handicap, mais de la qualité du réinvestissement de la main la moins habile.

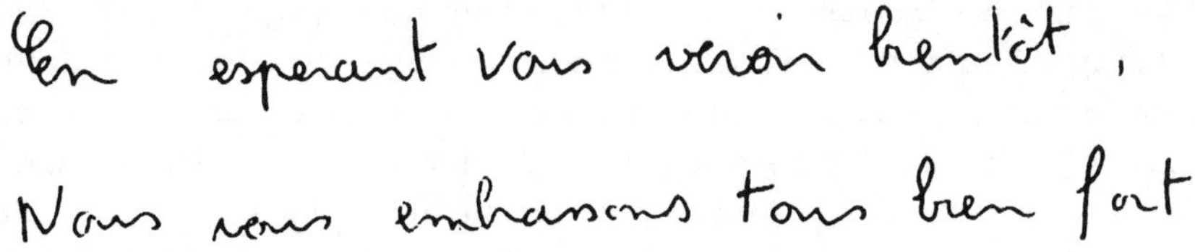

Écriture de la main gauche d'un droitier de 25 ans qu'un accident survenu à la naissance a privé de la possibilité de fermer suffisamment la main droite pour tenir un stylo.

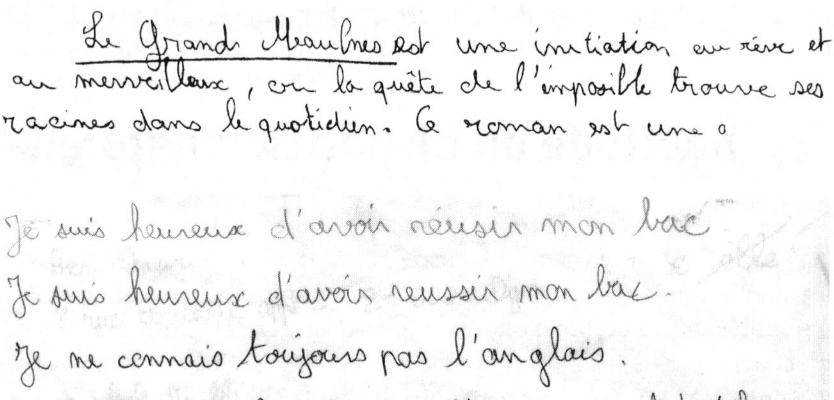

Écriture de la main gauche d'un droitier de 16 ans non ambidextre qui a perdu la main droite deux ans plus tôt. Durée d'apprentissage de l'écriture de la main gauche = 3 mois 1/2.
En haut : fin de rééducation.
En bas deux ans plus tard. La pratique a amélioré la qualité de l'écriture.

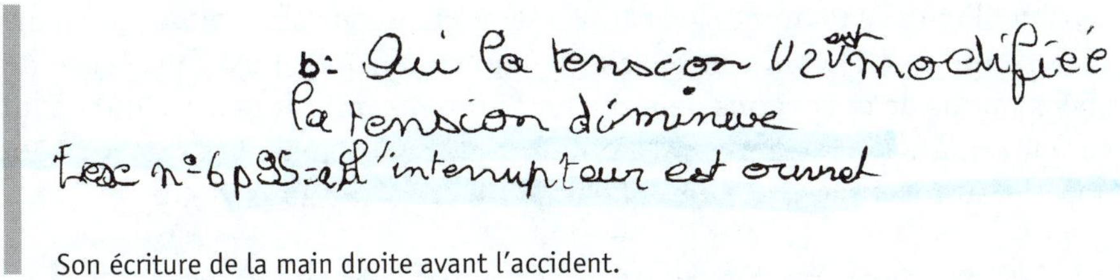

Son écriture de la main droite avant l'accident.

La frontière entre droitiers et gauchers n'est pas franchement marquée. S'il existe de « purs » gauchers et de « purs » droitiers, il existe aussi une quantité de personnes dont le taux d'ambidextrie est variable[5].

Lorsque la latéralité n'est pas fixée, des influences extérieures peuvent intervenir.

L'imitation en miroir du droitier installé en face de lui incite l'enfant mal latéralisé à utiliser la main gauche. La disposition des tables et chaises de maternelle revêt donc une importance capitale. Pour toute activité graphique, il est préférable que les enfants ne soient pas placés face à face mais au contraire tous dans le même sens. Non seulement on évite par là les imitations en miroir mais aussi on peut placer ainsi tous les enfants face au tableau où se trouvent souvent les modèles. Les gauchers gagnent également à être placés à l'extrémité gauche des tables à places multiples.

Des tables individuelles offrent à l'enfant la possibilité de s'installer à sa guise et présentent l'avantage de pouvoir varier les dispositions en fonction des activités.

Le stylo peut également être incitatif du choix de la main. Un adulte droitier débouche un stylo de la main gauche de façon à le tenir directement de la main droite pour écrire. Un enfant qui n'a jamais expérimenté un graphisme quelconque a tendance à déboucher le stylo de la main la plus habile et la plus tonique : la droite s'il est droitier, la gauche s'il est gaucher. Il se retrouve donc avec le capuchon dans la main qui correspond à sa latéralité dominante et le stylo dans l'autre. Le « pur » droitier et le « pur » gaucher changent alors de main pour gribouiller. L'enfant mal latéralisé a plutôt tendance à garder le capuchon dans la main droite s'il est droitier et

5. Nous ne considérons ici que la latéralité graphique. Nous ne traitons pas de la latéralité neurologique qui s'intéresse au tonus de fond (extensibilité des muscles et ballant), au tonus d'action (qui considère les syncinésies ou mouvements involontaires d'un muscle à l'occasion de l'action d'un autre muscle) et au contrôle moteur (par exemple tester l'habileté à placer le doigt sur le nez). Des études ont montré la relativité de la corrélation entre les différentes latéralités – latéralité neurologique, manuelle, oculaire, latéralité des membres inférieurs…

à gribouiller de la main gauche et inversement, le stylo étant alors tenu dans la position adoptée pour le retrait du capuchon. Donc l'usage précoce de stylos munis de capuchons peut inciter l'enfant à utiliser la main qui ne lui convient pas. Les enfants qui tiennent le crayon à pleine main gauche doivent donc retenir l'attention. Sont-ils de vrais gauchers ?

Avant rééducation

Après rééducation

Tenue de stylo d'une fillette droitière de 3 ans PS.

L'imitation des parents peut être incitative. Elle nous semble l'être plus encore dans un choix de gaucherie que dans un choix de dextralité, la gaucherie pouvant être perçue comme une façon de se distinguer des autres puisqu'elle touche une minorité de personnes. Cette imitation peut être une gêne, comme ce fut le cas pour un vrai jumeau droitier dont le jumeau dominant était gaucher ; sa première année de primaire s'en est trouvée fortement perturbée. La gêne peut être minime comme ce fut le cas d'un ambidextre à dominante latérale droite d'une dizaine d'année qui, après rééducation des deux mains, a décidé de continuer à écrire avec la main gauche qu'il utilisait plus volontiers pour cela, sans doute par identification à son père gaucher. La dysgraphie était chez lui sensiblement la même à droite qu'à gauche.

Si le fait de contrarier un gaucher engendre des perturbations bien connues, l'incitation à utiliser la main droite plutôt que la gauche chez un enfant au taux de gaucherie faible ne peut être que favorable à la qualité de l'écriture. En effet, non seulement l'enfant écrira de la main la mieux adaptée, mais encore il évitera les inconvénients de l'écriture de la main gauche : poussant le crayon au lieu de le tirer, le gaucher bloque peu à peu son bras contre son corps alors que le droitier l'écarte. Cet inconfort peut toutefois être limité en plaçant la feuille plus haut sur la table. De la même façon, une tenue du stylo adaptée (la même que pour la main droite) et une disposition de la feuille adaptée (plus inclinée que pour le droitier mais vers la droite) évitent que la main repasse sur l'écrit, le tachant (éventuellement) et le cachant (à coup sûr) ce qui en rend la relecture impossible en cours d'écriture.

Il est utile d'une part de connaître au plus tôt la latéralité de l'enfant, d'autre part de latéraliser les enfants dès que possible, latéraliser signifiant, dans la perspective qui nous préoccupe, aider l'enfant à se repérer par rapport à son schéma corporel et à utiliser pour écrire la main la mieux adaptée à son cas personnel.

Repérage de la droite

Afin d'aider l'enfant à fixer sa latéralité et à se situer dans l'espace, nous proposons donc d'apprendre à l'enfant à reconnaître sa droite. Apprendre à une classe à reconnaître la droite n'est pas discriminatoire pour les gauchers. Simplement, à l'issue de ce premier apprentissage, on constatera que quelques enfants dessinent de l'autre main, ce qui représente une différence parmi d'autres.

Pour fixer et consolider cet apprentissage, nous conseillons d'utiliser tous les encodages mnésiques et pour cela de tirer bénéfice de tous les ateliers ainsi que nous l'exposons au chapitre 11 relatif à l'interdisciplinarité et à la mise en œuvre des divers processus mnésiques. Un exposé pratique étant plus directement utilisable que des explications théoriques, c'est sous cette forme que nous présentons ci-après au lecteur une technique de repérage de la droite qui a fait ses preuves tant en classe qu'à titre privé[6].

À la question « quelle est votre main droite ? », nombre d'adultes répondent : « c'est celle avec laquelle j'écris » joignant parfois à la parole le geste de mimer l'écriture.

C'est ce schéma de mobilisation de la main dans une action destinée à la repérer qu'emprunte le repérage de la droite que nous proposons. Il s'agit de partir non du corps de l'enfant comme on le fait traditionnellement, mais de repères spatiaux extérieurs et d'amener à la reconnaissance de la main droite à partir d'une fonction de cette main dans le cadre de ces repères spatiaux.

Voici concrètement comment faire.

Les enfants sont invités à observer leurs mains directement et à travers toutes sortes de jeux et comptines. Sur une feuille qui rejoindra leur cahier, ils pourront ensuite coller une photo de deux mains : une gauche et une droite en respectant leur emplacement respectif sans que les termes de gauche et droite soient prononcés et en repérant chaque doigt. Il ne sera jamais question de main gauche ni de main droite avant la fin du processus.

L'apprentissage de la latéralité se fera sur un thème, dans un lieu et dans une position **choisis une fois pour toutes**, c'est-à-dire qui ne varieront pas au fil des semaines de latéralisation. Par exemple les enfants sont assis sur un tapis, dos à la fenêtre. Ils sont conviés à regarder, sans tourner le corps, une image fixée à leur droite au mur. Cette fixité du lieu d'apprentissage est indispensable à son bon fonctionnement et assure un repère mnésique complémentaire. Hormis aux moments indiqués, il ne sera question ni de droite ni de gauche pendant toute la durée du processus : on veillera donc à ne désigner ni la droite, ni la gauche d'aucun lieu, membre ou objet avant la fin du processus et on n'annoncera pas l'objectif de l'opération (*cf.* chapitre 2 page 21).

---

6. La première expérimentation s'est faite en privé sur deux enfants de 2 ans 24 jours et de 2 ans 25 jours de deux familles différentes. Le repérage de la droite a demandé une semaine. Nous estimons qu'en classe il peut demander jusqu'à trois semaines.

Cet apprentissage sera préparé par des indices mnésiques chargés affectivement. Les héros d'un conte dont les élèves découvriront un matin l'image fixée au mur se prêtent particulièrement à l'opération. Par sa nécessité d'être mobile, la mascotte de la classe ne se prête pas à cet apprentissage. Au contraire, un héros dont on aura beaucoup parlé mais qu'on n'aura pas encore vu convient bien car en même temps il revêtira une charge affective forte et, pendant toute la durée du processus, son image sera exclusivement liée à l'emplacement choisi au départ.

Cette préparation pourra se faire dans la même période que celle de l'observation des mains.

Pour que le repérage fonctionne, non seulement la position de l'image doit être fixe mais aussi la position des enfants doit être uniforme. Il sera donc précédé également de jeux divers et comptines visant à fixer l'attention des enfants de façon à obtenir qu'ils soient tous assis dans le même sens de telle sorte que le mur soit effectivement à la droite de chacun d'eux.

À partir de là, l'apprentissage peut commencer : par les indices mis en place on remet en mémoire le sujet choisi. Puis on invite les enfants à en montrer l'image :

« Où est… ? » dit la maîtresse. « Il est là » répondent les enfants en montrant l'image au mur.

Deux impératifs doivent être respectés :

1. Les enfants montrent « de la main qui est du côté du mur » (la précision : « sans croiser le bras devant le corps » peut s'avérer utile). Tous les enfants étant assis dans le même sens, l'imitation aide ceux qui auraient du mal à appliquer la consigne (sauf exception, ce sont les gauchers).
2. Sous peine d'aller à l'encontre de l'objectif, la maîtresse ne doit pas montrer elle-même si elle reste face aux enfants, car, soit elle montrerait l'objet de la main gauche, soit elle ne respecterait pas l'impératif 1. Elle évitera également de montrer elle-même l'objet en tournant le dos aux enfants afin de ne pas donner un tour artificiel à l'exercice.

Le geste de montrer l'image placée au mur est indispensable à l'encodage kinesthésique.

Cette séance sera répétée plusieurs jours afin d'installer un automatisme. À la question « où est… ? » tous les enfants répondront « il est là » en montrant automatiquement le mur de la main droite (c'est-à-dire « sans croiser le bras devant le corps ») sans que le terme de « droite » ne soit prononcé.

Intervient ensuite une nouvelle information : « ... est à droite » précisera la maîtresse et la réponse à la question « où est... ? » deviendra « il est là, il est à droite » toujours en montrant de la main droite sans que la qualité de « main droite » soit signalée.

Parler de gauche introduirait une difficulté complémentaire. La notion de gauche prendra place d'elle-même par déduction après complète appropriation par l'enfant de celle de droite.

On continuera pendant quelques jours à traiter du sujet de façon à ramener régulièrement la question et à obtenir de chaque enfant la réponse attendue comme une sorte de rituel d'introduction à chaque séance où il sera question de l'objet concerné. Il importe que cette réponse ait été intégrée, ce qui se voit à son caractère spontané.

Intervient alors la phase finale : une dernière information est donnée à l'enfant. C'est l'information capitale : « la main qui montre... qui est à droite, c'est la main droite ».

Attention de ne pas inverser la formule : « je montre... avec la main droite » supposerait que « la main droite » est déjà connue. « La main qui montre... qui est à droite, c'est la main droite » implique l'antériorité de l'acte de montrer et du fait de savoir que « ... est à droite » sur la connaissance que la main utilisée pour cela est la main droite.

La phrase étant longue, l'enseignant peut en énoncer les premiers termes : « la main qui montre... qui est à droite » ; les enfants se contentant alors de répondre : « c'est la main droite » en joignant le geste de montrer comme ils l'ont fait jusqu'ici. La brièveté de la formule et son unité sémantique ajoutent à l'efficacité et renforcent la joie de se plier à ce rituel.

Après un temps de latence d'une dizaine de jours nécessaire à la maturation, un rappel consolidera ce nouvel acquis. La dénomination de la main gauche pourra intervenir par la suite.

Tous les réinvestissements sont alors possibles : en salle de motricité, dans la cour, dans la classe au cours de diverses activités où, par exemple, l'enfant ira chercher un livre « à droite » ou « à gauche » sur le rayon, dans les jeux de mimes où il essaiera de fermer l'œil droit, puis l'œil gauche, même à « l'heure des mamans » où le lacet défait deviendra « le lacet droit » ou « le lacet gauche ».

Comment connaître la latéralité d'un enfant ? Passation du test

Savoir se repérer par rapport à la droite et à la gauche aide à la fixation de la latéralité mais ne résout pas tous les problèmes. Aider l'enfant dans son choix implique que l'enseignant sache lui-même quelle est la main qui convient le mieux à l'enfant en question. L'observation des dessins de l'enfant est susceptible de l'aider mais imparfaitement dans la mesure où l'habitude donne des habiletés et où une mauvaise tenue de crayon peut créer des perturbations laissant croire à l'usage de la main non adaptée.

Nous suggérons donc de pratiquer un test de latéralité (*cf.* pages 38 et 39). Sortir l'enfant de la classe ou le prendre à part dans la classe pour le tester induit des risques de modification des comportements et n'est pas du ressort de l'enseignant. Nous suggérons donc de tester l'enfant au cours des activités quotidiennes sans attirer son attention. Plusieurs observations sont nécessaires pour repérer la main habituellement utilisée pour chaque item. Chaque cotation ne sera faite qu'au moment où l'enfant ne pourra pas se repérer sur le voisin pour choisir sa main et au moment où aucune autre action n'induira ce choix (par exemple l'enfant peut montrer un objet de la main gauche parce qu'il tient un jouet de la main droite, ou inversement).

Pour les actions réalisées pour la première fois en classe, on veillera dans toute la mesure du possible à former des groupes comportant chacun un seul enfant à tester et à lui faire réaliser l'action en premier, ceci pour éviter les phénomènes d'imitation différée[7].

Ce test est adapté à l'âge des enfants de maternelle et praticable sans modifier les activités habituelles ou simplement en les adaptant pour l'ensemble du groupe classe. Nous avons opéré un choix d'items faciles à réaliser et à repérer et où rien ne risque d'induire le choix de la main.

Avant toute cotation, on s'assurera qu'aucun obstacle ne gêne le choix de la main soit en empêchant ou limitant le mouvement, soit en offrant un appui.

7. L'imitation différée est possible très tôt. E. Hanna et A. Meltzoff de l'université de Washington ont montré que « après avoir observé un enfant de leur âge, entraîné à cet effet, effectuer différentes tâches avec cinq jouets nouveaux, des enfants de quatorze à dix-huit mois ont reproduit le même comportement chez eux, deux jours plus tard, avec un expérimentateur différent. Leur taux de réussite a été supérieur à celui des enfants d'un groupe contrôle qui n'avait pas eu la possibilité d'observer un autre enfant réalisant ces tâches ». *Cf. La recherche*, n° 267, juillet/août 1994, « Le souvenir des nourrissons » Carolyn Rovee-Collier et Scott A. Adler.

En activités motrices, il s'agira de noter de quelle main l'enfant prend un objet placé à gauche, à droite, en hauteur, de quelle main il le lance et le fait rouler au sol, quelle main il avance pour l'attraper.

La salle de jeu se prête bien à cette première série d'items. Ils pourront être relevés au fil de l'évolution de l'enfant ou selon un scénario bien défini. Voici un exemple. Objectif annoncé aux enfants : « vous allez choisir une balle et on va voir si vous êtes habiles à la lancer et à l'attraper ». Sur une étagère libre d'accès et sur une table à laquelle les enfants pourront s'asseoir l'un après l'autre, on aura placé quelques balles de couleurs et de dimensions différentes ou avec des motifs différents. L'un après l'autre, les enfants seront appelés à aller chercher une balle sur l'étagère puis à la placer sur une table à côté des autres. On demandera à l'enfant à tester de s'asseoir à la table et, en la désignant par sa couleur et sa taille ou son motif (et non par sa position), de prendre telle balle placée sur la table à sa droite et de la mettre en face de lui. Même chose pour une balle placée à sa gauche. On lui demandera ensuite d'en choisir une, de se lever et de la lancer en l'air. S'il la laisse échapper, on la ramassera et on fera mine de la lui lancer avant de la lancer réellement. Lorsque la balle tombera au sol pour la deuxième fois, on lui demandera alors de la faire rouler au sol avec sa main en direction des pieds de l'enseignant qui la posera sur la table pour que l'exercice puisse être réalisé par un autre enfant. Pendant ce temps, les autres enfants s'essaieront à lancer des balles sous la vigilance d'un autre adulte sans que celui-ci intervienne dans le choix de la main.

Exercices d'expression corporelle dans leurs objectifs premiers, les activités de mime sont aussi l'occasion de relever des items du test de latéralité.

Nous proposons deux scénarios. D'autres peuvent être inventés dans la mesure où ils respectent les conditions de fiabilité énoncées plus haut : ni obstacle ni point d'appui autres que ceux nécessaires à l'item, évitement des risques d'imitation différée.

Premier scénario. On est en visite chez des amis, on boit le café et on mange des gâteaux : on fait fondre du sucre dans une tasse placée bien devant soi. La maîtresse tient la tasse « pour qu'elle ne se renverse pas », l'objectif de l'intervention de la maîtresse étant d'éviter que la tenue de la tasse n'induise le choix de la main ; on mange avec les doigts les morceaux de gâteau que la maîtresse aura placés sur la table dans une assiette juste devant l'enfant à tester. Les mettre à sa gauche ou à sa droite fait interférer les items 2 et 3 des activités motrices et ne permet plus de coter l'item 8. Le moment du goûter peut aussi être l'occasion de faire ces observations.

Deuxième scénario. C'est le matin, on se lève, on se gratte la tête parce qu'on est mal réveillé ou parce qu'on se demande quel jour on est, on se lave les dents, on se lave le visage puis on se peigne. Nounours n'est pas levé : on le montre du doigt. « Attention, il ne faut pas rester au lit » lui dit-on en joignant à la parole un geste de l'index. On peut envisager de faire sonner une clochette pour annoncer que c'est au suivant de mimer.

Les activités traditionnelles de la classe, piquage, découpage, encollage puis collage en frottant du plat de la main pour bien faire adhérer, sont aussi autant d'occasions de tester la latéralité. Le matériel pour le piquage, la colle et les ciseaux sont placés devant l'enfant et non sur le côté sinon leur emplacement peut induire le choix de la main. On aura choisi des ciseaux pour droitier et des ciseaux pour gaucher. La main à retenir est celle avec laquelle la découpe est plus facile lorsque les ciseaux correspondent (ex. main gauche avec les ciseaux de gaucher).

Dans les activités de découverte du monde, l'observation des liquides peut être l'occasion d'utiliser un compte-gouttes. On montrera à la classe comment s'y prendre puis on invitera les enfants à faire de même, la consigne étant de faire tomber des gouttes en appuyant sur le compte-gouttes avec une seule main, le flacon étant placé devant l'enfant et tenu par l'enseignant.

Ces vingt items seront repérés cinq fois chacun dans des situations variées mais toujours dans les conditions optima de fiabilité ; l'essentiel est d'avoir un résultat fiable et non un résultat rapide. À chaque observation seront consignés la date et l'âge précis de l'enfant. La latéralité est fixée lorsque les résultats sont sensiblement homogènes.

La latéralité oculaire s'observe en faisant regarder l'enfant par le trou d'une serrure, les mains derrière le dos. La serrure ne doit pas être située à proximité d'un angle de mur afin que l'enfant puisse placer sa tête normalement. Pour la sécurité, veiller à choisir une porte fermée à clé. La latéralité de l'œil peut être différente de celle de la main. De même celle du pied. Il s'agit alors de latéralité croisée. La latéralité du pied s'observe en faisant pousser un objet du pied. C'est un complément d'observation qui ne présente qu'un intérêt informatif. Ces différences n'interviennent pas dans le choix de la main scriptrice.

Nous invitons à la plus grande prudence quant à la suite à donner aux résultats du test lorsqu'ils sont contraires aux habitudes de préhension du crayon d'un enfant. Compte tenu de la personnalité singulière de chaque enfant, chaque parent et chaque enseignant, chaque cas est spécifique et appelle sa propre démarche pour proposer que l'enfant utilise la main qui lui sera la plus favorable.

TEST DE LATÉRALITÉ -
GRILLE DE PASSATION DU TEST

.... Prénom .... Classe ... Date de naissance ....

D : utilisation de la main droite. **G** : utilisation de la main gauche.

Noter les dates d'observation dans les cases.

D **G**

• Activités motrices

1. attrape un objet en hauteur
2. prend un objet placé à droite
3. prend un objet placé à gauche
4. lance une balle en l'air
5. tend la main en geste réflexe lorsqu'on fait semblant de lui lancer une balle
6. fait rouler une balle au sol en la poussant de la main

• Jeux de mimes

7. fait fondre le sucre dans une tasse avec une cuillère
8. mange avec les doigts
9. se gratte la tête
10. se lave les dents
11. se lave le visage
12. se peigne
13. montre du doigt
14. fait « attention ! » de l'index
15. agite une clochette

• Ateliers

16. fait tomber des gouttes d'un compte-gouttes
17. fait du piquage
18. découpe avec des ciseaux
19. colle du papier (= tient le tube de colle)
20. appuie sur le papier encollé pour le faire adhérer

Latéralité oculaire : regarde par le trou de la serrure

Latéralité du pied : pousse un objet du pied.

Rappel de l'essentiel du protocole :

coter 5 fois chaque item au cours des activités scolaires sans attirer l'attention de l'enfant sur le fait qu'il est testé, sans interférence de mimétisme, de gêne (occupation d'une main à autre chose, encombrement ou possibilité d'appui : mobilier, matériel, autres élèves...).

Le geste d'écriture – Méthode d'apprentissage cycle 1 - cycle 2, Danièle Dumont - collection Hatier Pédagogique.

TEST DE LATÉRALITÉ - CONCLUSIONS

Nom .... Prénom .... Classe ... Date de naissance ....

Date de passation du test : du .... au ....

D : utilisation de la main droite. **G** : utilisation de la main gauche.

		D	G	Conclusions*
• Activités motrices				
1.	attrape un objet en hauteur	/5	/5	
2.	prend un objet placé à droite	/5	/5	
3.	prend un objet placé à gauche	/5	/5	
4.	lance une balle en l'air	/5	/5	
5.	tend la main en geste réflexe lorsqu'on fait semblant de lui lancer une balle	/5	/5	
6.	fait rouler une balle au sol en la poussant de la main	/5	/5	
• Jeux de mimes				
7.	fait fondre le sucre dans une tasse avec une cuillère	/5	/5	
8.	mange avec les doigts	/5	/5	
9.	se gratte la tête	/5	/5	
10.	se lave les dents	/5	/5	
11.	se lave le visage	/5	/5	
12.	se peigne	/5	/5	
13.	montre du doigt	/5	/5	
14.	fait « attention ! » de l'index	/5	/5	
15.	agite une clochette	/5	/5	
• Ateliers				
16.	fait tomber des gouttes d'un compte-gouttes	/5	/5	
17.	fait du piquage	/5	/5	
18.	découpe avec des ciseaux	/5	/5	
19.	colle du papier (= tient le tube de colle)	/5	/5	
20.	appuie sur le papier encollé pour le faire adhérer	/5	/5	

Résultats : D = ... G = ... d = ... g = ...

$$\frac{\text{nombre de réponses « droite » - nombre de réponses « gauche »}}{\text{nombre de réponses « droite » + nombre de réponses « gauche »}} \times 100 = ...\ \%$$

Conclusions sur la latéralité de la main :

* noter D ou G si la réponse est au moins 4/5, d ou g si la réponse est 3/5

Dominante latérale :

droite (coefficient positif) ❑ gauche (coefficient négatif) ❑ non déterminée (r ≤ 60%) ❑

Ambidextrie :

pratiquement nulle, résultats > 75% ❑ faible 75% > r > 60% ❑ forte r ≤ 60% ❑

	D	G	Conclusions*
Latéralité oculaire : regarde par le trou de la serrure	/5	/5	
Latéralité du pied : pousse un objet du pied.	/5	/5	

La latéralité des jumeaux

L'identité des patrimoines génétiques des vrais jumeaux porte à croire qu'ils ont obligatoirement la même latéralité. Il n'en est rien, l'un peut être droitier, l'autre gaucher tout autant que pour les faux jumeaux. Tester l'un ne donne donc pas la réponse pour l'autre.

Pour une bonne mise en pratique

☺ À faire

☺ Repérer la latéralité de l'enfant (utiliser le test si nécessaire).
☺ Utiliser tous les encodages mnésiques pour donner à l'enfant les moyens de se repérer dans l'espace.
☺ Travailler en concomitance avec les activités préparatoires à l'acquisition des autres compétences de base.
☺ Ne rien modifier au protocole de latéralisation.

☹ À ne pas faire

☹ Placer les enfants face à face au cours des activités graphiques.
☹ Varier les repères visuels pour la latéralisation.

😐 Il vaut mieux

😐 Situer le repérage de la latéralité le plus tôt possible dans la scolarité de l'enfant.
😐 Situer la latéralisation le plus tôt possible dans la scolarité de l'enfant.

COMPTINES POUR APPRENDRE À ÉCRIRE*
LES MAINS

La connaissance des mains et des doigts est indispensable à la compréhension de la tenue du stylo.

Mes mains me servent à attraper
Mes mains me servent à jouer
Mes mains me servent à manger
Elles ne sont jamais fatiguées.

Je les cache derrière mon dos
Je les mets au fond de mes poches
Elles font tout ce que je veux
C'est mes mains
Et elles sont deux.

* Le coffret du CD audio et du livret d'utilisation est disponible aux CDDP de Laon et CRDP d'Amiens.

4 La tenue et le maniement du crayon – La position de la main – La posture

« La pince »

Est-ce inné ou acquis par imitation ? Quoiqu'il en soit, les dessins sur le sable de la plage se font avec l'index, les barbouillages avec la confiture tombée sur la table de la cuisine se font surtout avec l'index.

L'index est donc par excellence l'organe scripteur[1]. Sa place et son innervation lui autorisent une mobilité que n'ont pas les autres doigts.

Son éloignement et sa capacité de rotation dont il est le seul à bénéficier permettent au pouce de s'opposer aux autres doigts pour former la pince nécessaire à la préhension des objets. Il est d'usage de considérer qu'on « pince le crayon » entre le pouce et l'index. Or la pince pouce/index n'offre pas la force suffisante pour assurer la fermeté de la prise ; pour s'en assurer il n'est que d'observer de quelle façon on attrape spontanément un objet autre qu'un crayon et de comparer la fermeté de cette prise avec la tenue du même objet entre le pouce et l'index. Pincer le crayon entre le pouce et l'index puis écrire ainsi en écartant les autres doigts, de telle sorte qu'ils ne puissent servir d'appui, montre de même à quel point cette pince est peu assurée.

En revanche, pincer le stylo entre le pouce et le côté de la dernière articulation du majeur le maintient solidement. L'index se trouve libéré au-dessus et garde toute sa mobilité. Cette expérience simple montre le rôle respectif des doigts :

• **Le pouce et le majeur « pincent »**. Il s'agit bien de « pincer » entre **la pulpe** du pouce et **le côté** du majeur au niveau de sa dernière articulation, pas à son extrémité, sinon la pince n'est pas plus solide qu'avec l'index. Il ne s'agit pas, non plus de pincer le crayon contre le côté de la dernière

---

1. Bien que nous ayons vu que le véritable organe scripteur est le cerveau et que la main n'est que l'outil, nous parlerons d'organe scripteur pour désigner la main qui écrit afin de la différencier de l'outil manipulé par cet organe pour obtenir l'écriture : crayon, stylo, etc. auquel nous réserverons l'appellation d'outil scripteur.

phalange, ce qui supprimerait sa mobilité en solidarisant obligatoirement le mouvement des deux dernières phalanges et limiterait de ce fait la souplesse de la main.

• **L'index guide** le stylo en lui faisant suivre le trajet prévu, exactement comme lorsqu'il laisse une trace dans le sable.

Au terme « pincer » nous préfèrerons celui de « tenir ». En effet, « pincer » évoque chez le tout petit une action spécifique, ce qui crée une interférence et gêne la compréhension de la façon de tenir le crayon. Lorsque le stylo n'est pas tenu solidement, l'écriture manque de fermeté au point qu'il arrive qu'elle ne puisse pas progresser normalement comme le montre l'illustration ci-dessous.

Diverses activités de l'école maternelle sont prétextes à apprendre à tenir le crayon.

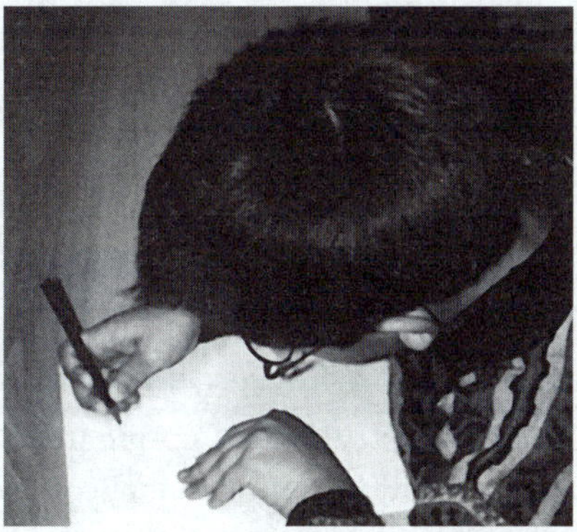

Tenue du stylo entre le pouce et l'index (début CP)

Écriture correspondante

Tenue en cours de rectification

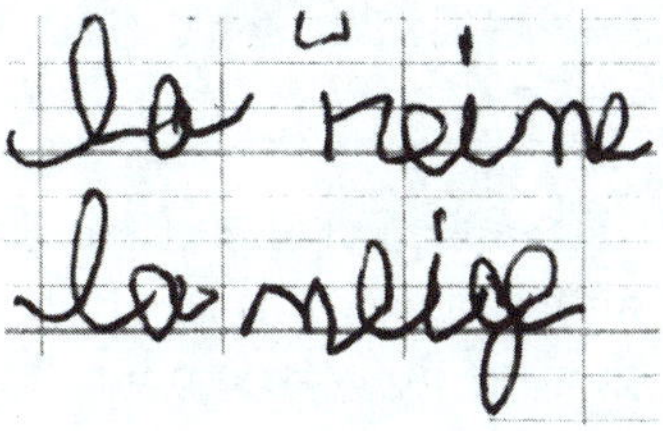

Écriture correspondante en cours d'amélioration.

Ainsi des comptines et des jeux permettent d'apprendre le nom des doigts, puis préparent ensuite l'enfant à placer correctement ses doigts dans la position qui sera plus tard celle de la tenue du crayon.

Elles peuvent évoquer des sons de cloches, de carillons, des bruits de sonnettes que l'enfant accompagne d'un mouvement de frappe du pouce contre l'articulation entre la phalangine et la phalangette du majeur, les autres doigts étant repliés. L'oreille du lapin d'autres comptines peut être prétexte à lever et bouger l'index (si le thème du lapin a été exploité pour le repérage de la droite il pourra donc être exploité à double fin – ou à triple fin comme nous l'exposons plus loin). La position se précise avec les ombres chinoises : on s'applique à entrouvrir légèrement la main pour figurer l'œil du lapin, le pouce est toujours en appui sur le côté de la dernière articulation du majeur et ne dépasse pas ; il est plié comme pour pincer au lieu d'être fléchi vers l'intérieur de la main ; l'extrémité du majeur figure le museau du lapin et l'index figure encore l'oreille qui bouge (*cf.* comptine page 65).

La mise en place de ces activités dès la rentrée évite que s'installent de mauvaises habitudes. Dans toute la mesure du possible il vaut mieux éviter de donner crayons et stylos avant la fin de cet apprentissage. Les activités graphiques sans stylo ni crayon offrent la compensation nécessaire en même temps qu'elles habituent à une bonne position des doigts et de la main s'il s'agit de peinture à doigt ou qu'elles participent à la gestion statique de l'espace graphique s'il s'agit de travail au pinceau, à l'éponge ou au tampon.

L'apprentissage de la tenue du stylo se commence dans la même période que le repérage de la droite et que l'accès à la gestion statique et à la gestion dynamique de l'espace graphique (*cf.* chapitre 2), d'autant plus que l'ensemble gagne à s'appuyer sur des activités préparatoires communes.

Bien entendu, l'apprentissage de la pince tel que nous l'avons décrit n'exclut pas le travail de tous les autres doigts destiné, par des manipulations diverses, à tonifier la main. Il ne faudrait pas croire pour autant que focaliser l'attention de l'enfant sur la façon dont il attrape en pince des perles dans une boîte lui serve à apprendre à tenir un crayon.

La peinture à doigt

Pour que l'enfant place correctement ses doigts sur le stylo, il faut qu'il ait intériorisé l'usage de chaque doigt : « pince » pour le pouce et le majeur, guidage du crayon pour l'index. La pince peut s'apprendre avec les comptines. L'usage de l'index s'apprend avec la peinture à doigt. Lorsqu'il trempe l'index dans la peinture, l'enfant a tendance à relever les autres doigts. Une boule de cotillons placée dans le creux de la main ramènera les autres doigts en bonne position : l'enfant tient la boule sans la serrer trop fort aussi bien pour prendre la peinture avec son doigt que pour faire les points ou les traits convenus. On veillera à ce que la main ne soit pas posée à plat mais, au contraire, légèrement soulevée vers la gauche pour le droitier et vers la droite pour le gaucher de façon à ce que la base du pouce ne soit pas en contact avec la feuille. La peinture à doigts se fait donc avec l'index légèrement tourné vers la droite pour le droitier et vers la gauche pour le gaucher. Ce travail ne sera pas trop prolongé dans le temps, il laissera place aux mêmes activités au crayon dès que la bonne position des doigts et de la main sera acquise.

La position de la main

Énoncé du problème et perspectives de solution

Dire que plus une action est coûteuse en énergie plus on se fatigue à la faire et moins on a envie de la faire est une lapalissade. Toutefois nous ne ferons pas l'économie de cette observation car elle a le mérite de mettre l'accent sur l'importance capitale d'un apprentissage du maniement du stylo : « ne pas avoir envie d'écrire » peut devenir très vite « ne pas avoir envie d'aller à l'école ». La question se pose donc de savoir comment s'y prendre pour que l'acte d'écrire soit le moins coûteux possible en énergie.

Sans entrer dans une étude de l'évolution de la motricité enfantine, rappelons avec E. et G. Guilmain que « si à trois ans l'enfant a encore de nombreux progrès à faire pour parvenir à la maîtrise motrice de l'adulte, aussi bien dans le domaine de la stabilité que dans celui des mouvements simultanés dissymétriques, cet enfant a déjà acquis les réflexes, la tonicité musculaire, l'automatisme et la sûreté de locomotion, l'aptitude à imiter et à organiser des activités du type adulte. C'est pourquoi l'âge de trois ans est considéré comme la fin du "syndrome infantile normal neuro-musculaire". »[2]

Un muscle ne « sait » faire qu'une action : se contracter. Il peut donc se raccourcir activement lorsque le système nerveux lui en donne l'ordre ou se rallonger passivement lorsqu'une force de traction s'exerce sur lui. En conséquence moins un mouvement contracte les muscles, moins il est coûteux en énergie.

2. « L'activité psychomotrice de l'enfant. Son évolution jusqu'à douze ans », E. et G. GUILMAIN, Librairie médicale, Vigné, 1971.

Supprimer les contractions inutiles pour ne conserver que celles qui sont nécessaires à l'acte graphique réduit la dépense énergétique de l'écriture, donc réduit la fatigue. Au contraire, une fatigue musculaire accumulée pendant des années peut occasionner des douleurs ou des crampes plus ou moins handicapantes.

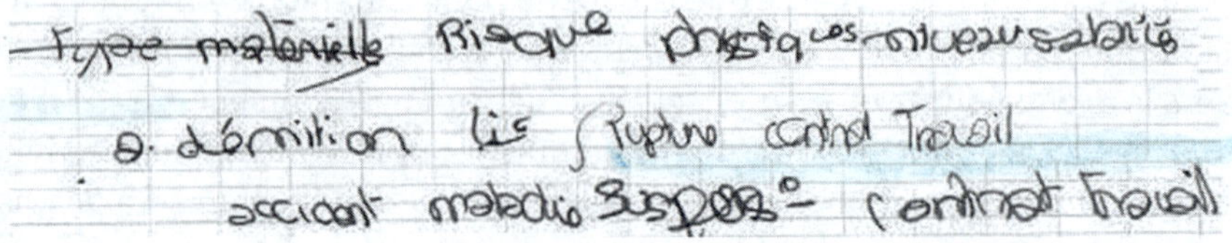

Jeune fille 19 ans – Crampe de l'écrivain suite à une mauvaise position de la main et une mauvaise stratégie de déplacement.

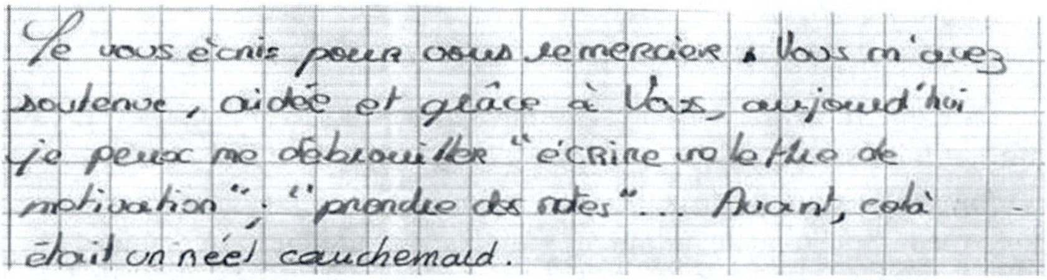

Après 6 séances de rééducation

Analyse des mauvaises positions

Certaines positions de la main contractent les muscles avant même tout mouvement. Ce sont :

La main en pronation

C'est la position de la main presqu'à plat sur la table. Elle nécessite une rotation du bras autour du coude. L'observation de l'avant-bras au cours de ce mouvement de rotation montre le mouvement des muscles mis en jeu. Écrire en maintenant la main posée jusqu'au pouce sur la table nécessite un effort gênant la souplesse du geste.

La main en semi-supination

La supination est la position inverse de la pronation. Supination désigne le mouvement de l'avant bras au cours duquel la main effectue une rotation externe et la position qui en découle. Écrire en supination n'est pas possible puisque la main serait dos à la table. La semi-supination est l'appui sur le côté de la main. Elle demande un effort de torsion de la main ou le soulèvement du poignet pour amener le crayon en position d'écriture, faute de quoi le crayon ne pourrait entrer en contact avec le papier. Elle peut être issue de la tenue palmaire qui est celle que le petit enfant adopte spontanément puisque c'est son mode naturel de préhension c'est-à-dire avec la paume de la main, tous les doigts sauf le pouce étant repliés comme le fait le bébé qui attrape un objet.

Le nivellement de la face interne du poignet

Cette position bascule la main vers l'arrière et crispe les doigts.

Mauvaises positions des doigts ou de la main.

a.

b.

a. Les doigts se tiennent entre eux ; le stylo n'est pas tenu fermement.

b. Les doigts se tiennent entre eux ; la main est fermée fortement pour assurer la tenue du stylo. Remarquer l'index cassé sur le stylo.
Main en semi-supination ; l'extrémité de l'annulaire et de l'auriculaire dépassent à gauche.

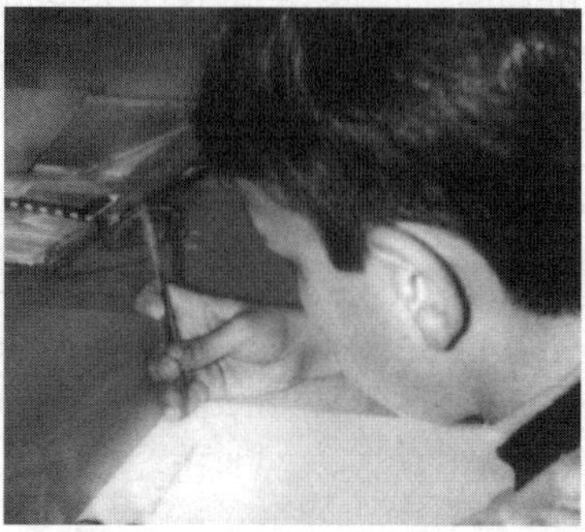

c.

d.

c. Pince entre le pouce et l'extrémité du majeur ; grande crispation de la main.

d. Nivellement de la face interne du poignet. Le pouce est avancé, l'index cassé sur le stylo.

e.

f.

g.

e. Soulèvement du poignet et de la main. L'ombre montre qu'aucun appui sur la table n'est plus assuré à partir du coude, sinon celui du crayon. Doigts mal placés. Main en semi-supination.

f. Index et majeur sur le crayon. Poignet fléchi vers l'intérieur. Main en position de balayage.

g. Stylo penché vers l'avant.

Le poignet fléchi vers l'arrière

C'est l'exagération de la position précédente. On la trouve associée à d'autres positions lorsqu'une mauvaise stratégie de déplacement de la main conduit à faire pivoter la main autour du poignet.

Le poignet fléchi vers l'intérieur, position de balayage

La main est repliée vers l'intérieur. Les muscles de l'avant bras sont tendus de même que les tendons du poignet. On peut en apercevoir la saillie. L'écriture n'est pas produite par un mouvement des doigts mais par un mouvement de la main qui balaie la hauteur de l'écriture et cache une partie de la ligne précédente.

Cette position se rencontre très fréquemment en rééducation graphique. Elle semble avoir son origine dans la précocité de l'utilisation des crayons: le petit enfant a tendance à tenir le crayon poing fermé et ramené vers soi; avec l'âge il garde la même flexion du poignet et place les doigts sur le crayon. Cette position s'assortit souvent de l'appui de plusieurs doigts sur le stylo.

Le soulèvement du poignet

Certaines positions de la main obligent l'enfant à soulever le poignet pour que le stylo entre en contact avec la feuille, ce qui à la fois contracte les muscles et prive le bras d'un appui qui libérerait les doigts pour produire une écriture souple. L'appui se fait alors sur le crayon, ce qui rend l'écriture laborieuse. Le soulèvement du poignet accompagne souvent une position de la main en semi-supination et occasionne fréquemment un appui tel que le foulage se voit encore deux pages plus loin.

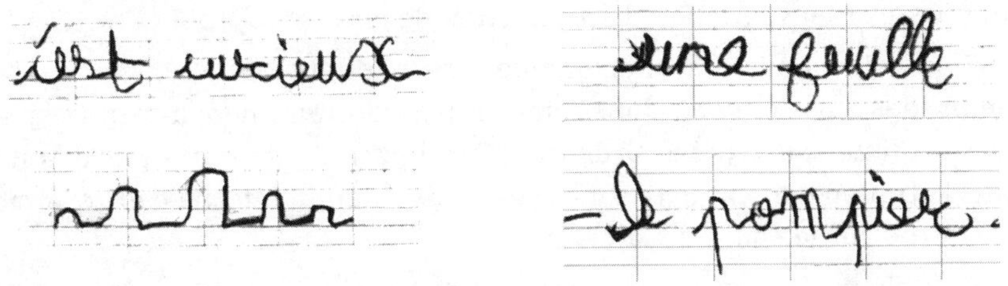

Le poignet en pont bascule l'appui sur la pointe du crayon, l'écriture est freinée par cet excès d'appui.

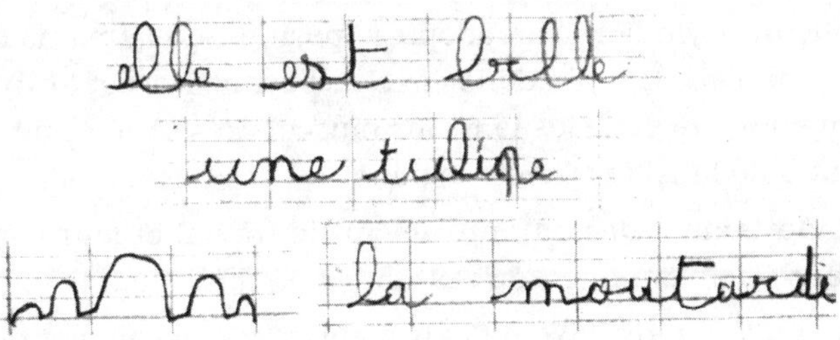

Une remédiation de la position du poignet commence à libérer le crayon de l'excédent d'appui, l'écriture est plus fluide. (Début de rééducation).

La main en poing, stylo dirigé vers l'avant

Cette tenue est apparue avec les outils modernes. L'usage du porte-plume la rendait impossible. Elle est assez fréquente et s'accompagne souvent de l'avancée du pouce par rapport aux autres doigts. Elle engendre une crispation complète de la main.

Toutes ces positions défectueuses concernent aussi bien le gaucher que le droitier. Toutefois la main en poing est encore plus fâcheuse chez le gaucher car elle lui cache ce qu'il vient d'écrire. Cette position a un impact particulier sur les dyslexies et les dysorthographies car elles peuvent être accentuées par l'impossibilité de lire ce qui vient d'être écrit.

Position de la main et tenue adéquates Description. Avantages

La position adéquate de la main est celle qui libère les doigts pour leur autoriser le maximum de mobilité et qui suscite les muscles uniquement pour assurer leur fonction de production de gestes graphiques.

Pour cela il faut donc que, lorsque la main tient le stylo sans écrire, l'ensemble des muscles et tendons soit au repos contrairement à ce qui se passe dans les tenues évoquées ci-dessus. Cette position de repos place la main dans le prolongement de l'avant-bras, sans rotation interne contre la table, ni externe sur le chant de la main.

Le stylo prend appui à la naissance de l'index, sous l'articulation qui le rattache à la main ou juste dessus. La pince est assurée comme il est dit plus haut. Aucun doigt n'étant crispé, le stylo prend position, comme la main, dans l'axe de l'avant-bras.

La tenue du stylo la mieux adaptée (position de la main comprise) est donc celle qui place la main dans l'axe de l'avant-bras et le stylo sensiblement de même. Elle évite les tensions musculaires sources de fatigue mais aussi sources de tensions psychologiques.

Le comportement des enfants devant le travail et leur comportement relationnel ne peuvent que s'en ressentir favorablement.

Placer la main dans l'axe de l'avant-bras évite également de cacher le texte de la ligne précédente comme c'est le cas lorsque le poignet est fléchi vers l'intérieur. La possibilité de relire ce que l'on vient d'écrire sans avoir à déplacer la main présente un intérêt évident.

Position adéquate : Le stylo est pincé entre le pouce et la dernière articulation du majeur. L'index repose sur le stylo ; il est légèrement fléchi. Le stylo et la main sont dans le prolongement de l'avant-bras. La main gauche fixe la feuille. (La position de la feuille ne se voit pas sur le sous-main blanc).

La tenue du stylo dépend étroitement de la position de la main et de la souplesse des doigts : le stylo se place de lui-même sensiblement dans l'axe de l'avant-bras lorsque la main et les doigts sont en bonne position. La tenue du stylo se prépare donc d'une part par l'apprentissage de la tenue elle-même, d'autre part par l'apprentissage de la position de la main.

Cette position de la main s'obtient plus facilement dans l'acte graphique lorsque le déplacement du bras se fait selon son propre axe ou sur un trajet le plus proche possible de son axe, donc pour les tracés descendants lorsque l'enfant ne « s'étale » pas trop (voir plus loin : la posture, page 57). Elle est plus difficile à faire respecter pour les boucles, cercles et gribouillis car alors elle n'est pas induite par le sens du déplacement du bras. Tout type de tracé ne se prête donc pas aux prémices de l'apprentissage de la tenue et du maniement du crayon.

Les premières traces graphiques seront donc des petits tracés descendants, tout d'abord à la peinture à doigts, ensuite au crayon.

Bien que ces tracés soient effectivement verticaux, l'objectif n'est pas d'enseigner aux enfants les traits verticaux, mais de les préparer à la tenue du crayon et à la position de la main. On veillera donc au moins autant à la façon de réaliser ces traits qu'au résultat sur le papier.

En attirant leur attention sur le contact du poignet avec la feuille, on s'assurera que les enfants ne soulèvent pas le poignet. Ensuite on pourra leur proposer toutes sortes de dessins à compléter (troncs d'arbres, neige qui tombe, rayures du zèbre, pluie sur les canards, les grenouilles ou les escargots...). Un travail sur les grenouilles et les poissons de la rivière pourra être aussi prétexte à la lutte contre les syncinésies (voir p. 58).

Le déplacement du bras

Au fil du déroulement de l'écriture, le bras se dégage du corps. Ce mouvement est difficile pour l'enfant. Il demande à être appris. Des exercices consistant à faire glisser le bras le long de la table en prenant conscience du dégagement du coude aident à installer cette habitude. L'opération consiste à tracer des traits horizontaux (éventuellement en poussant des objets avec le bras). De nombreuses activités traditionnelles de la classe peuvent être prétexte à la réalisation de tels traits (étude des couleurs, des formes, relations entre les objets ... peuvent être prétexte à relier deux objets d'un trait). L'enfant y trouvera d'autant plus d'intérêt qu'il percevra la réalisation de ce trait non comme une fin en soi mais comme un moyen de matérialiser la relation entre les objets concernés.

Tout comme pour les traits verticaux, l'objectif pédagogique n'est pas la réalisation de traits horizontaux mais le déplacement du bras. On veillera donc tout autant à la stratégie de déplacement du bras qu'à la production sur le papier. (Nous verrons toutefois que ce travail peut être couplé avec la préparation de la tenue de la ligne en gestion statique de l'espace graphique – chapitre 5 page 72).

Il n'est pas rare que ce déplacement soit remplacé par une rotation de la main autour du poignet qui alterne fléchissement du poignet vers l'intérieur et vers l'extérieur (illustration a). Lorsque le fléchissement du poignet vers l'intérieur est fixe, ce mouvement de rotation est remplacé par une sorte de reptation des doigts qui s'allongent tout d'abord puis se plient de façon à assurer une progression dont le trajet ne peut excéder en conséquence la longueur des doigts. Au maximum du fléchissement des doigts, le bras se déplace d'un bloc et le même mouvement de reptation recommence (illustration b).

Une autre solution consiste à utiliser le coude comme axe de rotation à la façon de la pointe d'un compas. Alors l'épaule se soulève et la ligne s'incurve sauf si l'extension des doigts compense (illustration c).

Ces trois solutions « de remplacement » occasionnent des crispations du poignet, de la main ou de l'épaule qui n'autorisent pas la souplesse générale nécessaire à la fluidité de l'écriture.

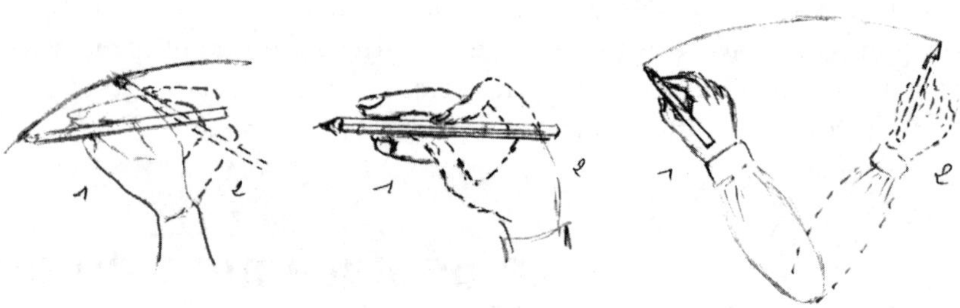

a b c

Faute d'un apprentissage adapté l'enfant peut remplacer le déplacement du bras :

a. par une rotation de la main autour du poignet qui alterne fléchissement du poignet vers l'intérieur et vers l'extérieur.

b. ou par une sorte de reptation des doigts qui s'allongent tout d'abord puis se plient de façon à assurer une progression. Au maximum du fléchissement des doigts, le bras se déplace d'un bloc et le même mouvement de reptation recommence.

c. ou par l'utilisation du coude comme axe de rotation à la façon de la pointe d'un compas, l'épaule se soulève et la ligne s'incurve sauf si l'extension des doigts compense.

Ces trois modes de déplacement sont inadaptés.

Le mouvement des doigts

L'écriture de grand format (lettres de 3 ou 4 centimètres de haut pour un enfant d'école maternelle) s'obtient par un déplacement d'un bloc de tout le bras.

L'écriture manuscrite de dimension usuelle peut être obtenue de la même façon par un déplacement de l'ensemble du bras, les doigts restant eux-mêmes en position fixe. C'est ce que font les jeunes enfants pour leurs premiers gribouillis. Encore utilisée par certains à l'âge adulte – plus ou moins inconsciemment – cette méthode est coûteuse en énergie car elle nécessite le déplacement de l'ensemble du bras par rotation de l'articulation de l'épaule[3]. Elle passe facilement inaperçue car la dimension des lettres est trop petite pour que le mouvement du bras attire l'attention.

Faisons encore un détour par une lapalissade : moins une action demande de mouvements et plus l'amplitude des mouvements est réduite, moins l'action est coûteuse en énergie.

En conséquence, lorsque la dimension des tracés à produire est égale ou inférieure à l'amplitude des mouvements des doigts, on gagne à mettre en œuvre la motricité fine des doigts qui est plus économique que la rotation du bras dans l'articulation de l'épaule. Dans ce cas, l'épaule n'entre en jeu dans l'écriture que d'une part pour le dégagement du coude nécessaire à l'avancée des tracés sur la ligne (mouvement de progression[4]), d'autre part pour les changements de ligne (mouvement d'adduction pour le retour en début de ligne[5], mouvement de recul pour la descente sur la ligne suivante[6]). Les muscles rotateurs de l'épaule sont alors nettement moins sollicités.

Dans le passé, les exercices de motricité fine des doigts allaient de pair avec l'usage du porte-plume. Les stylos modernes n'imposent pas le même type de maniement. L'âge des enfants rend irréaliste le retour au porte-plume, même à titre d'exercice et sa difficulté de maniement n'inscrit pas son utilisation dans l'ensemble de notre proposition.

Comme pour l'ensemble de la méthode, l'apprentissage de la motricité des doigts se fait de façon ludique. Par exemple, l'enfant dessine une pelote de laine ; il « enroule la pelote » autour d'un axe vertical qu'il aura dessiné

3. Nous avons eu l'occasion de traiter le cas d'une étudiante chez qui l'écriture tracée par déplacement de tout le bras était assortie d'une syncinésie de l'ensemble du corps et de la tête. Ces mouvements parasites qui consistaient à bouger la tête et le buste à chaque geste graphique et sur lesquels elle n'avait aucun pouvoir d'action lui étaient très pénibles. La rééducation s'est cependant faite facilement.

4. Assuré par le deltoïde, muscle abducteur dont la fonction est d'éloigner le bras du corps.

5. Assuré par le grand pectoral, muscle adducteur dont la fonction est de rapprocher le bras du corps.

6. Assuré par les muscles sus et sous épineux localisés en arrière de l'épaule sous l'omoplate.

sur la feuille : le poignet immobile en appui sur la feuille, l'enfant tourne plusieurs fois autour de l'axe en bougeant seulement les doigts. Il déplace ensuite la main pour en faire d'autres côte à côte.

Ainsi réalisées, ces pelotes ressemblent aussi à un œil qui peut alors être le prétexte à dessiner une tête si on en fait un second à côté. Les enfants pourront y voir la tête d'un chat, celle d'un tigre, celle d'un fantôme… au gré de leur imagination. Ce même travail peut être proposé en rééducation de la tenue du crayon et de la position de la main, avec un crayon long (au besoin rallongé par une paille légère) pour s'assurer de sa bonne position dans l'axe de l'avant bras une fois le bras correctement placé.

Lorsque les exercices de gestion de l'espace par le mouvement lui auront appris à faire des boucles (*cf.* chapitre 7), l'enfant pourra les expérimenter en les intégrant aux pelotes de telle sorte qu'elles soient produites directement par le mouvement des doigts et non par l'ensemble du bras : il fera une première pelote sans axe[7] puis un fil qui s'en échappe en boucles pour rejoindre une deuxième pelote qu'il enroulera en fin de ligne.

Une suite de lignes brisées – que nous appelons « course aux zigzags » à cause de sa forme et de sa rapidité d'exécution – s'enchaînant de gauche à droite de la feuille, rythmée par le mouvement des doigts de l'enfant, donc par la dimension de ses doigts, constitue aussi un bon exercice d'assouplissement. Pas question, bien entendu, de placer des repères fixant arbitrairement la dimension des lignes ou l'espace dans lequel elles doivent être tracées. Cette dimension, cet espace sont dictés par des contingences propres à l'enfant : la dimension de ses doigts, sa tendance à prendre de la place ou à éviter d'en prendre (dans le premier cas toute la longueur de la dernière phalange du pouce est utilisée et les lignes sont relativement étalées ; dans le second cas le pouce se tend moins et les lignes sont plus resserrées). L'enseignant n'interviendra pour proposer un autre investissement de l'espace que si la production graphique est trop inhibée (pas assez haute ou trop resserrée) ou si les zigzags sont trop étalés ou encore si le geste n'est pas assez vif.

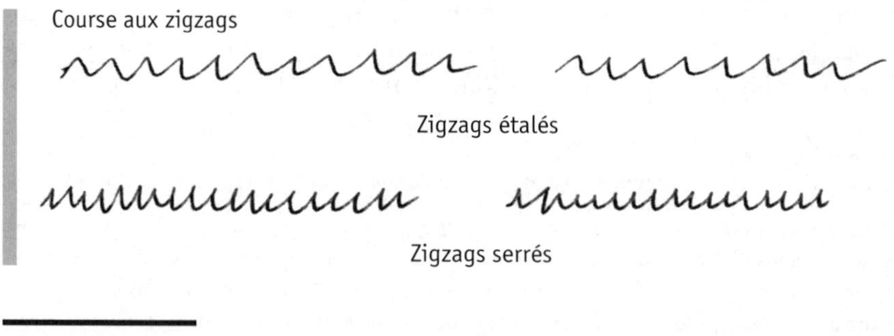

7. Une fois le mouvement acquis, l'axe devient inutile.

Graphisme et habileté graphique

Il est d'usage de considérer les fiches de graphisme (*cf.* page 18) non seulement comme des répertoires de formes de l'écriture – ce qu'elles ne sont pas – mais aussi comme des supports à l'entraînement de la motricité des doigts. Or, focalisant l'attention de l'enfant sur la reproduction du modèle, délimitant son champ d'action entre deux rails, incitant souvent l'enfant, par leur dimension, à déplacer le bras entier au lieu de mobiliser les doigts, ces exercices ne sont pas adaptés à la préparation d'une écriture souple et rapide. Ils peuvent, au contraire, créer des blocages que ce soit en enseignement de l'écriture ou dans sa rééducation.

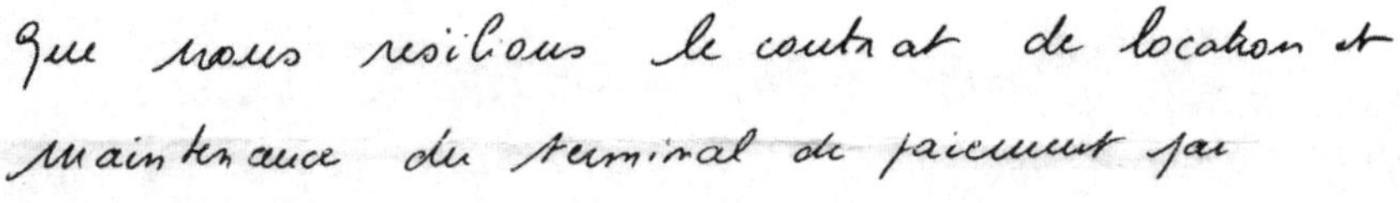

Femme 50 ans – Écriture avant accident cérébral.

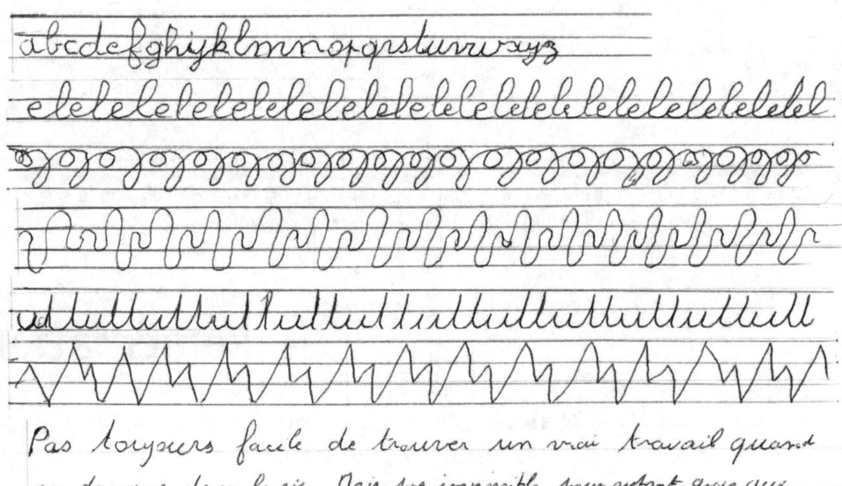

Extrait du travail quotidien après 18 mois de rééducation à base de graphisme et psychomotricité après accident cérébral.

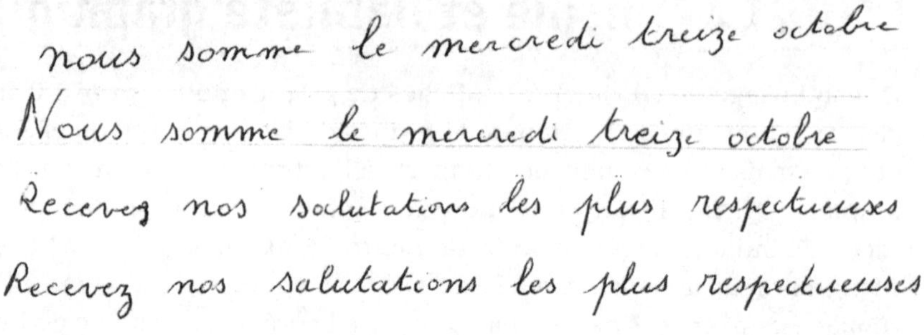

Écriture obtenue en fin de 1re séance de rééducation prenant en compte la modélisation de l'apprentissage de l'écriture après abandon de la rééducation précédente.

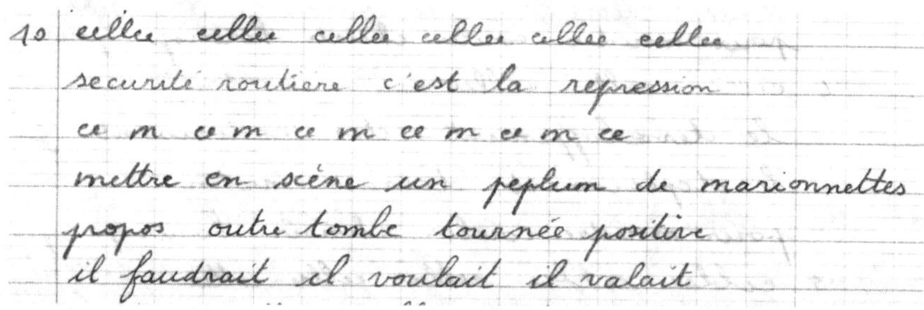

Extrait du travail quotidien – Résultat après 2 mois de rééducation prenant en compte la modélisation de l'apprentissage de l'écriture (le choix du texte est celui de la scriptrice, seules la technique et l'utilisation de certaine lettres étaient imposées).

Remédiation

À partir du CE1 – 2e année d'école primaire –, voire du CP pour les enfants dont le tonus est suffisant, il peut être remédié à une mauvaise tenue de crayon de la façon suivante : l'enfant pince une baguette légère d'environ 25 à 30 centimètre de long ou, à défaut, un grand crayon entre le côté de la dernière articulation du majeur et la pulpe du pouce en position expliquée pour la tenue du crayon. Il frotte vivement la baguette avec l'index en le déroulant bien pour l'allonger le plus possible puis le ramener à hauteur du pouce. Il fait ensuite le mouvement inverse : il place l'index à hauteur du pouce puis l'allonge et le replie en le laissant en contact avec la baguette comme s'il voulait en chasser quelque chose. Il alterne ces deux mouvements en plaçant la main en position d'écriture comme expliqué plus haut, c'est-à-dire en maintenant le crayon dans l'axe de l'avant-bras (*cf.* illustrations page 43). Lorsqu'il le fait avec souplesse, il continue cette même alternance de gestes en faisant remonter et descendre la baguette entre les doigts. On peut proposer l'image d'une araignée qui monte et descend le long de son fil.

Au Québec, où l'écriture n'est enseignée qu'au début de l'école primaire, on peut utiliser cette méthode pour assurer l'apprentissage de la tenue du crayon. En France la maturité physique des enfants concernés est insuffisante pour qu'ils puissent utiliser cette technique pour l'apprentissage puisqu'il se fait en maternelle.

Statut de l'autre main

Au cours de l'activité graphique, la position de la main disponible assure à la fois la fixation de la feuille et l'équilibre du corps. La main se place sur la feuille légèrement en dessous et à gauche de la zone d'écriture. Les deux épaules sont ainsi à même hauteur. La main peut graisser plus ou moins la feuille selon les enfants, ce qui est susceptible d'altérer le tracé à venir. L'abandon des porte-plume a vu l'abandon des buvards. S'il n'y a plus d'encre à sécher, leur rôle protecteur de la feuille demeure. La propreté du travail rendu en est améliorée.

La posture

Une bonne position des bras et une bonne position du corps vont de pair. Si l'on ne peut accepter que les enfants soient « couchés » sur la table, il faut savoir, en revanche, qu'il est normal qu'un enfant appuie son corps contre la table jusqu'à 7 ou 8 ans au moins, certains conservent encore cet appui à l'âge adulte. Il est normal aussi que tout l'avant bras s'appuie sur la table. On peut demander que les coudes ne soient pas trop étalés mais on ne peut exiger au départ qu'ils soient tout près du corps. Ceci dit, les jeunes enfants sont contraints d'écarter les coudes lorsqu'ils s'installent à la table des adultes, même parfois avec un rehausseur. Ils ont donc souvent pris des habitudes de mauvaise posture : une table trop haute oblige à lever les bras, ce qui est à la fois mal pratique et inconfortable. À l'opposé, une table trop basse fait courber le dos. Des tables de différentes tailles ou de taille modulable permettent que chaque enfant en ait une qui lui convienne. Lorsque la table est trop haute par rapport à la chaise, donc lorsque les bras sont écartés, la stratégie de déplacement du bras est altérée chez le droitier car la course qui lui permet de s'écarter du corps au fil de l'écrit est courte, par ailleurs la position de la main par rapport à la feuille n'est pas adaptée à l'optimisation du geste d'écriture.

Le cas des gauchers

L'apprentissage de l'écriture est le même pour les gauchers que pour les droitiers à cette nuance près que leur feuille doit être inclinée vers la droite et non vers la gauche de sorte qu'ils voient la ligne déjà écrite, l'angle d'inclinaison étant un peu plus grand que pour les droitiers. La feuille ainsi placée et le crayon correctement tenu et manipulé, le gaucher ne repasse pas sur son écriture et n'a aucune difficulté à suivre le texte écrit. Il n'y a donc pas lieu de placer les modèles à droite sur les cahiers des gauchers, ce qui présenterait l'inconvénient de gêner le repérage gauche/droite.

Quant à la place des gauchers à la table des activités graphiques, les enseignants tiennent compte depuis longtemps de leur gaucherie pour la choisir afin d'éviter les gênes entre gauchers et droitiers.

Les syncinésies

Mouvement réflexe involontaire d'un membre autre que celui dont l'action est commandée, la syncinésie concerne essentiellement la bouche et la main censée être au repos : dès que l'enfant commence ses tracés, la bouche et/ou la main non scriptrice bougent également, parfois l'enfant sort la langue. Un travail de dissociation des actions des mains et de la bouche peut se pratiquer sous forme de jeux. En voici deux exemples.

1. On mime des poissons qui ouvrent la bouche en nageant : les deux mains, doigts serrés les uns contre les autres sont les poissons qui nagent, elles se déplacent indépendamment l'une de l'autre pendant que la bouche imite celle des poissons ; on fait ensuite nager chaque poisson sans mimer sa bouche et inversement.
2. On mime des grenouilles qui ouvrent grand la bouche pour attraper une mouche, et, avec chaque main, les grenouilles qui sautent et qui replient leurs pattes. Ces trois mouvements (boucle / main gauche / main droite) sont faits en même temps puis en alternance.

Le choix de l'outil

Apprentissage de la tenue de l'outil scripteur

Ses couleurs et la souplesse de sa pointe font souvent préférer le stylo feutre au crayon de couleur dans les travaux préparatoires. Pour éviter dans ce cas que le choix de la main scriptrice ne soit induit par le geste d'enlever le capuchon du stylo, nous suggérons que les capuchons soient fixés sur un socle, ainsi l'enfant a directement le stylo en main.

Les expériences renouvelées lors de nos formations d'enseignants montrent que les trop gros calibres incitent à placer deux, voire trois doigts sur le stylo. Par ailleurs l'usage de stylos trop fins nécessite un tonus de préhension que l'enfant n'a pas forcément encore atteint. En conséquence, nous proposons d'éviter les extrêmes : stylo très gros ou stylos très fins. Toute une gamme de dimensions peut être proposée entre ces extrêmes, au choix de l'enseignant ou de l'enfant – car dans ce domaine l'enfant peut avoir, comme dans d'autres, des préférences qui correspondent à sa personnalité.

Passage du crayon au stylo

Quel que soit son angle d'inclinaison, le crayon laisse une trace sur le papier. Il est d'un maniement plus facile que le stylo, dont la coulée d'encre peut être inégale tant que la main de l'enfant reste hésitante. Il a l'avantage de se gommer, ce qui donne droit à l'erreur et permet d'améliorer l'aspect des productions.

Pour l'écriture, le crayon noir ordinaire est préférable au crayon de couleur qui se gomme mal. Il faut savoir toutefois que plus un crayon a une mine dure, moins bien il s'efface car il raye alors le papier. Les crayons ordinaires sont numérotés de 8H (mine dure et pâle) à 8B (mine tendre et noire). Les plus usuels sont numérotés HB. Le choix de la tendreté ou de la dureté du crayon est personnel.

Il est d'usage d'utiliser le crayon pour l'écriture en maternelle. Le stylo bille s'utilise dès que l'écriture devient courante. Le passage du crayon au stylo est perçu par l'enfant comme une promotion. Il nous semble prudent à bien des égards de proposer le passage au stylo de façon individuelle ou en tout cas d'avoir une marge de tolérance pour le choix du moment du passage au stylo qui se fait généralement dans le courant du 1er trimestre de l'école primaire.

Le marché offre actuellement une gamme variée de stylos : feutres, billes, à gel, à encre liquide... Le choix de la grosseur et la qualité de la pointe du

› comme du crayon est personnel : la pointe peut être souple, ferme ou ɛ, épaisse, moyenne ou fine selon les enfants. Il est préférable que l'enseignant n'impose pas ses propres choix. Si, pour des raisons personnelles, un seul choix de stylo est possible, il vaut mieux donner aux enfants des stylos de grosseur moyenne et à bille moyenne.

La place de la tenue du stylo dans l'apprentissage de l'écriture

Sachant placer leurs doigts sur le crayon, sachant placer leurs mains et leur poignet et déplacer leur bras, sachant bouger leurs doigts, se tenant correctement à la table, utilisant la main qui convient et se repérant sur l'horizontale, les enfants sont prêts à réaliser les premiers tracés qui les conduiront à l'écriture car par le jeu de l'interdisciplinarité, le travail préparatoire aura commencé en même temps, sans qu'ils s'en rendent compte, tant en ce qui concerne la gestion dynamique que la gestion statique de l'espace graphique.

POUR UNE BONNE MISE EN PRATIQUE

☺ À FAIRE

- ☺ Apprendre au plus tôt à l'enfant à placer ses doigts pour savoir tenir son stylo correctement.
- ☺ Apprendre au plus tôt à l'enfant à placer correctement sa main.
- ☺ Réserver les points à la peinture à doigt aux plans inclinés.

☹ À NE PAS FAIRE

- ☹ Brûler les étapes.
- ☹ Faire pincer le stylo entre le pouce et l'index.
- ☹ Laisser s'installer des habitudes de mauvaise tenue de stylo en proposant trop tôt des activités graphiques au crayon ou au feutre.
- ☹ Laisser l'enfant tremper les doigts dans la peinture à doigt main ouverte.
- ☹ Laisser faire de la peinture à doigt en plaçant le poignet en pont.
- ☹ Dire à l'enfant d'appuyer fort le poignet sur la feuille.
- ☹ Faire faire des boucles à l'envers pour assouplir les doigts.
- ☹ Placer des repères artificiels sur la page.

☺ Il vaut mieux

☺ Utiliser la peinture à doigt tant que l'enfant n'est pas en mesure de tenir correctement le crayon.

☺ Combiner les activités de position de la main, tenue de stylo ou déplacement du bras avec les activités de gestion statique de l'espace graphique.

☺ Lorsque les espacements d'objets matériels sont réguliers et que l'horizontalité est acquise, laisser l'enfant placer lui-même les gommettes, images ou tampons qui participent de la gestion de l'espace graphique (ex. l'enfant place régulièrement les arbres – gommettes vertes – puis trace les troncs à la peinture à doigt).

☹ Il vaut mieux éviter

☹ Les points à la peinture à doigt sur table tant que l'enfant ne sait pas placer correctement sa main (risque de soulèvement du poignet pour écrire).

☹ Les activités graphiques au crayon ou au feutre sur plan incliné.

SUGGESTIONS

Pour la position des doigts

Utiliser les comptines sur les cloches et les lapins pp. 63 et 65.

Pour la peinture à doigt

• Utiliser des indices mnésiques tactiles pour apprendre à l'enfant à poser le poignet sur la feuille :

– placer une bande de feutre le long de la marge inférieure de la feuille pour inciter l'enfant à garder le contact avec la feuille en sentant la douceur de la bande de feutre ;

– placer des bandes de papiers de textures diverses le long de la marge inférieure des feuilles.

Thèmes pour la peinture à doigt

• **le temps** : pluie ou neige qui tombe sur toutes sortes d'animaux, de parapluies, d'imperméables, d'arbres (sapins en hiver...) ...

• **le zoo** : rayures du zèbre, barreaux de cages (des lions, des tigres...), cou et pattes des girafes, des échassiers, lianes où se suspendent les singes...

• **la nature** : la tige des fleurs, le tronc des arbres, la barrière des enclos, l'herbe des prés...

• **la maison** : toutes les verticales de la maison vue de l'extérieur (murs, cheminée, portes, fenêtres...) ou de l'intérieur (les barreaux du lit de bébé, la montée d'escalier...),

• **divers** : rayures des vêtements, échasses, dents du peigne...

Travaux graphiques d'assouplissement des doigts une fois le crayon tenu correctement

• le trajet du cheval (ou autre animal) du manège qui monte et qui descend (déplacement vertical),

• le trajet du yoyo qui monte et qui descend en s'enroulant sur le fil (déplacement vertical),
• coloriage de petits dessins rectangulaires placés dans le sens de la hauteur (déplacement vertical),
• « la course aux zigzags » (déplacement vertical et horizontal tout au long de la page, avec plusieurs arrêts sur une même ligne),
• tracés circulaires avec support auditif (chanté et entendu) de la comptine « Je tourne la mayonnaise », p. 125.

Jeu de déplacement latéral du bras

• le bulldozer dégage le chantier (on pousse des cubes de gauche à droite pour les faire tomber de la table).

Travaux graphiques de déplacement latéral du bras

(concernent en même temps la gestion statique de l'espace) :
• traînées blanches derrière les avions à réaction,
• sillage du hors-bord sur l'eau,
• trace du chasse-neige qui déblaie la route,
• rails du train,
• fil du funambule,
• chemin qui conduit les animaux à leur tanière, leur gîte ou leur nid selon le cas (les enfants placent eux-mêmes les images à gauche et à droite de la feuille),
• chemin qui conduit les petits animaux à leur maman (les enfants placent eux-mêmes les images à gauche et à droite de la feuille).

Comptines pour apprendre à écrire*
Les doigts

Il était une fois
Cinq doigts
Qui partaient à la fête
Tout autour de ma tête.
Dans mes cheveux frisés
Ils ont rencontré
Un grand ruban
Tout blanc.
Et ils l'ont dénoué.
Puis ils sont repartis
En goguette
Faire la fête
Autour de ma tête.

- Mon p'tit doigt m'a dit…
- Le pouce ?
- Non le p'tit riquiqui.
- Mon p'tit doigt m'a dit…
- L'index ?
- Non le p'tit riquiqui.
C'est le doigt de l'oreille
Il sait des merveilles
Sans en avoir l'air.
C'est l'auriculaire.

L'index se vexe
S'il n'a pas le droit
De montrer du doigt
Tout ce qu'il voit.
Il voit des jouets dans la vitrine.
Il voit des fleurs sur la colline.
Et un gros nuage dans le ciel.
Et à côté un arc-en-ciel.
L'index se vexe
S'il n'a pas le droit
De montrer tout ça.

* Le coffret du CD audio et du livret d'utilisation est disponible aux CDDP de Laon et CRDP d'Amiens.

Le majeur a mis son chapeau
Pour faire la couture de grand-mère.
Le majeur a mis son chapeau,
Je suis sûr que ça va te plaire !
C'est un short et un boléro
Pour aller courir au grand air.

Mon annulaire est fier.
Il est orné d'une pierre
Qui fait envie à Marie,
À Sylvie et Léonie.
Mon annulaire est tout fier.
Veux-tu voir sa belle pierre ?

LES CLOCHES

En mimant les comptines, l'enfant apprend à bien placer ses doigts pour tenir correctement le crayon le moment venu.

Drin, drin... Drin, drin...
Madame la fouine
Va chez le mulot
Avec son vélo.
Drin, drin... Drin, drin...
Laissez-la passer
Sinon elle va vous écraser.

Ding, ding, ding, fait la clochette
Ding, ding, dong fait le carillon
Dong, dong, dong, fait le gros bourdon.
Nous irons tous à la fête
Avec la musique en tête.
Ding, ding, dong, ding, ding, dong.

LES LAPINS

L'ombre du lapin
Se voit sur le mur
En face de mon lit.
Je ferme ma main
Pour que la figure
Soit mieux réussie.
Je ferme, mais pas trop.
Je vois son museau
Et son œil aussi.
Je bouge mon doigt.
Sur le mur là-bas
L'oreille bouge aussi.

Lapin blanc, Lapin gris, Lapin noir,
Que d'histoire mon ami pour savoir
Lequel des trois tu mangeras
Demain au dîner chez le roi !
Mais tu n'en auras pas !
Je les ai tous cachés chez moi.

La gestion statique de l'espace graphique :

mise en place de l'écriture

Pourquoi une gestion statique de l'espace graphique ?

L'existence d'une ligne régulière sur laquelle repose l'écriture, l'existence d'espaces réguliers entre les lettres et entre les mots, la régularité de l'axe des lettres et de leur dimension sont communes à l'écriture manuscrite et à l'écriture imprimée. L'enfant qui ne sait pas écrire peut, en suivant un modèle, reconstituer une phrase en juxtaposant des lettres écrites sur des vignettes. Cela met en évidence que la gestion de l'espace graphique *peut* être indépendante du *geste* d'écriture, d'où le qualificatif de statique que nous avons donné à cette façon de gérer l'espace graphique : la gestion statique de l'espace graphique peut être préparée indépendamment de la dynamique du geste qui crée les formes.

La différence entre gestion dynamique et gestion statique de l'espace graphique ne réside donc pas dans le déplacement de l'enfant mais dans l'existence du mouvement fait par l'organe scripteur pour créer des formes : l'apprentissage de la gestion dynamique de l'espace ne se définit pas par un déplacement de l'enfant. Les enfants qui disposent les cubes sur lesquels ils sauteront comme les nains de Blanche Neige de rocher en rocher, peuvent être dans un processus d'apprentissage statique de l'espace alors que ceux qui, sans bouger le corps, miment le chapeau qui s'envole ou Gaston qui balaie les feuilles[1] sont dans un processus de gestion dynamique de l'espace graphique.

S'appuyant essentiellement, mais pas exclusivement, sur l'encodage visuel, la gestion statique de l'espace graphique offre donc une autre entrée dans l'espace de l'écriture que celle de la création de formes.

Elle concerne donc, entre autres, on l'aura compris, la reconstruction de phrases ou de mots à partir de vignettes portant des lettres. Limiter les activités

1. *Cf.* CD audio et méthode d'utilisation « Comptines pour apprendre à écrire » CDDP de Laon, CRDP d'Amiens avec frappe des tempi ou du rythme.

de reconstruction de phrase à la simple reconnaissance des lettres et ne pas en profiter pour faire travailler la gestion statique de l'espace graphique serait dommage. En revanche, limiter cette préparation à faire placer côte à côte des rectangles sur lesquels sont écrites les lettres constituant les mots d'une phrase serait réducteur et peu efficace faute de diversification.

En effet, la disposition d'objets peut recevoir certaines caractéristiques spatiales des lettres dans les mots : la régularité des espaces, l'horizontalité, la tenue de ligne (on peut les placer régulièrement selon une ligne horizontale). C'est donc par le jeu que nous proposons que le jeune enfant accède à la gestion de l'espace graphique.

Accès par le jeu à l'horizontalité et à la régularité des espaces

Dans l'univers du jeu de l'enfant, l'horizontalité de la ligne et la régularité des espaces sont les caractéristiques de l'espace graphique les plus accessibles : les premières activités de préparation à la gestion de l'espace graphique pourront être, par exemple :

– la disposition de cubes en ligne et régulièrement espacés pour faire slalomer une moto ou un bonhomme sur des rollers,

– l'alignement des éléphants (en jouets ou en images) qui vont au marigot à la queue leu leu,

– l'alignement de voitures arrêtées au feu rouge (elles se suivent mais ne se touchent pas, elles ne doivent pas être trop espacées « sinon le conducteur suivant va klaxonner », elles doivent être bien alignées « sinon elles gênent les voitures qui viennent en sens inverse »...). Etc.

On veillera à trouver toujours un prétexte ludique à l'alignement de façon à ce que l'exercice ne soit pas perçu comme artificiel. Dans sa réalisation on veillera aussi à la régularité des espaces.

L'alignement d'images qu'on peut déplacer et replacer à son gré est une transition efficace vers un réinvestissement sur papier. Tous les jeux à base d'images peuvent être prétextes à aligner les images et à les espacer régulièrement.

Ce réinvestissement dans des manipulations d'images peut transiter par des activités de motricité : chaque enfant devient la voiture qui circule sans bousculer les autres et respecte les distances.

Vient ensuite le passage aux productions sur papier.

La compétence à l'alignement et à la régularité des espaces acquise par les manipulations est ensuite réinvestie par des collages de gommettes ou d'images qui pourront être en même temps le support d'autres apprentissages (par exemple un travail sur les couleurs ou sur les formes), ou simplement l'illustration d'une histoire ou d'un atelier de découverte du monde, par exemple les canetons suivent la cane en file indienne pour rejoindre la mare. Le réinvestissement s'appuiera sur une simple verbalisation : « tu alignes et tu espaces régulièrement comme... ».

Puisqu'il s'agit de poursuivre non seulement l'encodage de la régularité des espaces mais aussi celui de tenue de ligne, on évitera de commencer par des gommettes rondes car leur alignement se perçoit mal. On gagne à commencer par des gommettes en triangles isocèles. S'ils partagent avec les carrés et les rectangles une base rectiligne, les triangles ont en effet sur eux l'avantage de pouvoir supporter une légère déviation de la ligne de base sans que ce soit trop choquant pour l'œil car leurs deux côtés obliques s'éloignent progressivement l'un de l'autre. En revanche un léger défaut d'alignement de rectangles ou de carrés choque plus du fait que leurs côtés sont perpendiculaires à leur base. D'autre part, les triangles isocèles offrent une meilleure préparation à la verticalité de l'axe des lettres que les autres types de triangles (*cf.* page 75).

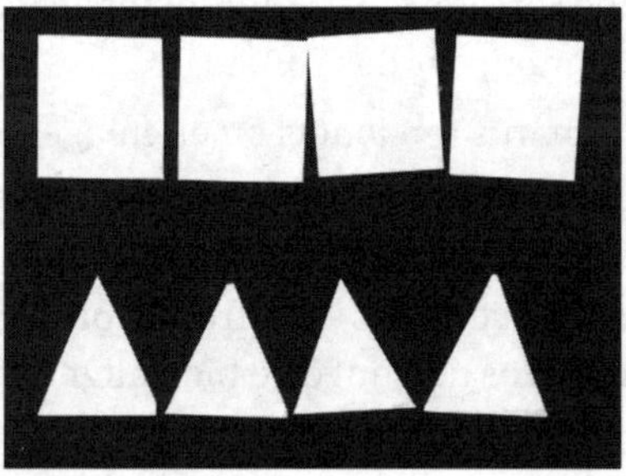

Le très léger défaut de tenue de ligne des rectangles rend leur axe d'inclinaison inégal et, de ce fait, en perturbe visiblement l'espacement. Le même défaut sur les triangles est moins visible.

L'encodage visuel se renforce par un renouvellement de l'activité sous plusieurs formes en exploitant au maximum l'interdisciplinarité. Pour lui donner de l'intérêt on pourra, par exemple, coller des triangles de couleurs alternées désignées par le maître (pour un travail sur les couleurs), puis en alternance des triangles et des rectangles (pour un travail sur les formes), puis

« les pierres du passage à gué », puis des images représentant des canetons pour illustration d'histoires racontées ou lues auparavant. Dans ces derniers cas, pour estomper le caractère répétitif de l'activité et lui ajouter de l'intérêt, les enfants pourront coller à gauche un bonhomme qui veut traverser et à droite un arbre au bord de la rivière, à gauche la cabane des canards et à droite la mare à laquelle ils se rendent et ajouter des animaux disposés de façon aléatoire, etc. de façon à mettre l'accent sur l'illustration de l'histoire concernée.

Ni la ligne ni la dimension des espaces ne seront matérialisées. L'objectif n'étant pas de contraindre les enfants à suivre une ligne ni de leur imposer une dimension d'espacement mais de les conduire progressivement à l'encodage visuel de l'horizontalité et de la tenue de la ligne ainsi que de la régularité des espacements. La proximité des éléments et leur base rectiligne favorise cet encodage : ils ne devront ni se toucher ni être trop éloignés. La proportion entre les éléments et les espaces doit satisfaire l'œil et supporter la comparaison avec des espaces entre le corps des lettres.

Pour la même raison et pour laisser une marge de liberté dans l'investissement de l'espace, aucune marque à gauche n'indiquera le début des collages, aucune marque à droite n'en indiquera la fin : **l'objectif de l'enfant n'est pas de rejoindre deux points par des collages d'éléments mais d'aligner les éléments par leur base en les espaçant régulièrement**. L'objectif de l'enseignant étant d'assurer l'encodage visuel de la tenue et de l'horizontalité de la ligne de façon à ce que les enfants écrivent droit le moment venu.

Pour faciliter les premiers exercices de collage, on pourra prévoir pour commencer des activités où la régularité sera guidée. Exemple : placer les aliments sous forme de taches de couleur dans les assiettes dessinées sur une feuille (*cf.* page 6 du cahier 1 *Gestion de l'espace graphique, Latéralité et tenue de crayon*, Collection Les cahiers d'écriture maternelle) à la condition de les faire suivre immédiatement d'exercices sans autre guide matérialisé que le modèle situé au-dessus avec lequel les enfants pourront prendre distance en augmentant ou en diminuant les espaces. En effet, l'objectif étant d'assurer la régularité des espaces et la tenue de la ligne, la dimension des espaces de cet exercice considérée en elle-même importe peu : ce qui compte c'est leur régularité, leur proportion par rapport à la dimension de l'image collée et le suivi de l'horizontalité.

À aucun moment de ces activités il ne sera question dans le discours à l'enfant de préparation à l'écriture. En revanche cet objectif doit être clairement présent à l'esprit de l'enseignant.

L'horizontalité sur la feuille peut être guidée visuellement par le haut et le bas de la page. Or on sait que la mémoire sensorielle est la plus fragile (250 à

500 millisecondes pour la mémoire visuelle). En conséquence le guidage implicite par les bords de la feuille ne peut être effectif que si la production graphique est suffisamment près du repère. On gagnera donc à commencer par un travail sur des bandes suffisamment étroites, c'est-à-dire représentant environ trois fois la hauteur de l'élément à coller ou à apposer.

Ce guidage participe à la réussite des alignements à la fois par l'encodage imagé avec recodage verbal éventuel (« j'aligne bien droit ») et rappel de la compétence acquise dans les activités préparatoires (« comme... »). La référence aux bords de la feuille sera toujours implicite, jamais verbalisée, car il importe que l'alignement soit perçu par *la base* de l'élément à coller ou à apposer puisque tel est l'objectif (acquisition de l'horizontalité et tenue de la ligne d'écriture). Certains enfants saisissent d'emblée l'opportunité du guidage visuel par le bord inférieur de la feuille et apposent tout près les tampons ou collent tout près les vignettes ou images.

L'alignement peut aussi se faire de façon plus spontanée, plus automatique s'il a été précédé d'un étayage par encodage auditif et kinesthésique (*cf.* page 74). Dans ce cas on pourra passer directement à une bande plus grande, voire une feuille B5 (demi A4) ou même une feuille A4 placée dans le sens de la largeur (car la hauteur est trop grande pour que l'enfant accède en haut de la page en conservant une bonne posture).

On l'aura compris, on gagnera à avoir latéralisé les enfants avant le travail sur papier car, si dans les manipulations d'objets le point de départ peut être matérialisé (par exemple un fanion pour la piste de rollers), il ne doit plus l'être dans le travail sur papier. Si ce n'est déjà fait on peut en profiter pour nommer la gauche : on va vers la droite du papier donc on part du côté opposé, c'est-à-dire de la gauche.

L'écriture arabe

Contrairement à l'écriture romaine, l'écriture arabe se déroule de droite à gauche. Il suffit donc d'inverser le sens de progression des éléments manipulés ou collés. La consigne est facilitée puisqu'on part de la droite. Pour les enfants en classe bilingue français/arabe la transition d'une langue à l'autre est repérée par la gestion dynamique de l'espace graphique (*cf.* chapitre suivant) qui s'introduit par un jeu de croquet avec une balle qui roule pour l'écriture française et par un jeu de hockey avec un palet qui glisse pour l'écriture arabe. Avec l'enseignant d'arabe on dispose les taches de couleur de droite à gauche dans le sens de déplacement du palet lorsqu'on joue avec lui au hockey ; avec l'enseignant de français on dispose les taches de couleur de gauche à droite dans le sens de déplacement de la balle lorsqu'on joue avec lui au croquet.

Progression dans la gestion statique de l'espace graphique

Alignement sur plusieurs lignes

Toujours par le jeu, l'enfant sera amené à réaliser des alignements d'objets puis d'images à coller sur plusieurs lignes : ce sera par exemple les assiettes de la dînette régulièrement disposées de part et d'autre d'une table étroite, la disposition de voitures sur un parking, les gâteaux dans la vitrine du pâtissier...

Ce pourra être aussi, de façon plus abstraite, l'apposition de taches de couleur sur plusieurs lignes, au pinceau ou à l'éponge, sur une feuille unie dépourvue de tout repère.

Le praticien qui n'a pas expérimenté cette méthode peut juger l'objectif irréaliste (*cf.* chapitre 1 sur la surprise des enseignants après une première expérimentation). Ce n'est pourtant qu'une question d'installation d'habitudes. Plus les enfants sont formés tôt, plus vite et mieux ils réussissent. Une expérience en classe unique de maternelle a montré que les enfants les plus jeunes (PS – 3 à 4 ans) ont mieux réussi que les grands (GS – 5 à 6 ans) lorsqu'ils ont été confrontés à un exercice d'alignement de taches de couleur sur plusieurs lignes sur papier non ligné[2]. Aucune expérience antérieure n'interfère en effet chez les tout-petits pour gêner le processus d'installation de cette compétence. Ils réinvestissent donc plus facilement les manipulations réalisées dans cette perspective.

Rappelons qu'il ne s'agit pas de dressage. Si la répétition est indispensable à l'ancrage mnésique, nous ne la proposons pas à la façon mécanique d'un même exercice maintes fois répété sous la même forme. Nous la proposons à la fois sous forme de tâches analogues sur un même mode dans lesquelles l'enfant pourra éventuellement opérer un choix[3] et surtout sous forme de réinvestissements successifs dans des domaines d'activité diversifiés. La diversification des contextes favorise l'ancrage de la compétence à acquérir.

2. Cet exercice a été fait à la demande des enfants de petite section eux-mêmes lorsqu'ils ont vu faire les grands. Le croyant hors de leur portée la maîtresse ne le leur avait pas proposé.

3. *Cf.* chapitre 1 page 8

Intégration de la tenue de ligne

Une fois intégré l'alignement horizontal des images et des gommettes, on pourra le réinvestir et dépasser cette simple compétence en visant à une horizontalité rectiligne sans guidage visuel continu : sur papier uni dépourvu de tout repère, l'enfant place une image à gauche, une image correspondante à droite et les relie d'un trait. C'est par exemple le tracé du chemin qui permet à un animal d'aller chercher sa nourriture ou de rentrer chez lui.

Là encore l'interdisciplinarité donne de l'intérêt à l'activité : relier deux éléments d'un trait n'a d'intérêt pour l'enfant que s'il s'agit de mettre en œuvre sa réflexion sur leur correspondance (même couleur, même forme, relation de dimension, relation thématique…).

Cette activité ne pourra intervenir que lorsque la tenue du crayon sera assurée. Elle participe tout autant du travail sur le déplacement horizontal du bras que de la perception de l'horizontalité de la ligne (*cf.* chapitre 4, page 52) : il s'agit d'acquérir la compétence nécessaire pour écrire droit. En aucun cas il ne s'agit d'apprendre à « faire des traits horizontaux ».

Différenciation des dimensions

Par le biais des rayures Seyes des cahiers, l'École française fixe à 2 mm la dimension de la zone médiane, celle où s'écrivent les lettres sans développement supérieur ni inférieur. Elle fixe entre 2 fois et 2 fois ½ la dimension de la zone médiane selon les modèles celle des lettres à hampe bâtonnée (d et t) et à 3 fois celle des lettres à hampe bouclée (l, b etc.). Les lettres à jambage sont un peu plus longues : les jambages bâtonnés (p et q) occupent le même nombre d'interlignes que les hampes bouclées (3 en tout, 1 pour la zone médiane, 2 pour le dépassement) ; les lettres à jambages bouclés (g, j, y, z) atteignent une longueur de dépassement de 2 interlignes ½ ou 3 interlignes selon les modèles.

Pour pallier les difficultés liées au manque d'habitude, les premiers écrits de CP se font traditionnellement sur de plus gros interlignes. Par ailleurs, la dimension de l'écriture est susceptible de varier selon l'objectif : mises en exergue, titres. Quelle que soit la dimension de la zone médiane, la proportion entre la hauteur et la largeur de l'écriture manuscrite reste analogue d'un modèle à l'autre, de même la proportion entre la dimension des espaces et la largeur des lettres. La dimension de l'écriture est donc une question de proportion avant d'être une question de valeur absolue.

En conséquence, c'est la régularité et la proportion des dimensions des lettres et de leurs espacements qui fera l'objet de l'apprentissage de l'espace dans sa composante dimensionnelle et non la mesure de la dimension elle-même.

Tout comme la linéarité ne s'acquiert pas par contrainte, la régularité de la dimension ne s'obtient pas en contraignant l'enfant à réaliser des tracés entre deux lignes mais au contraire en l'habituant à observer la régularité de dimension des images qu'il colle sur son cahier.

Comme il s'agit de fixer l'attention sur la possibilité de discrimination visuelle des dimensions et d'habituer à leur régularité, on se limitera au début à des alternances petit/grand sans reconnaître la discrimination entre la hauteur des lettres bâtonnées et celle des lettres bouclées de l'écriture française.

Cette alternance pourra être diverse (petit / grand, petit / grand, ou petit / petit / petit / grand / grand, etc.) en évitant trois grandes images consécutives ou plus car les mots comportant trois lettres à hampes consécutives sont rares dans notre vocabulaire.

La discrimination visuelle des dimensions pourra ensuite s'appliquer aux lettres elles-mêmes : il s'agira de coller sous les lettres d'un mot ou d'une courte phrase des vignettes rectangulaires, vierges de toute inscription, dont la hauteur représente celle des lettres.

Écriture française, écriture québécoise

La conséquence de cette limitation à deux hauteurs est que cette préparation sera la même pour l'écriture française et l'écriture québécoise bien qu'elles n'aient pas les mêmes proportions entre lettres hautes et lettres basses : tandis que l'écriture française utilise trois dimensions au-dessus de la ligne (lettres basses, hampes bâtonnées, hampes bouclées), l'écriture québécoise n'en utilise que deux (hampes bâtonnées et hampes bouclées sont de même dimension).

Écriture arabe

Pour l'écriture arabe, qui utilise plus de différences de dimension en hauteur, on pourra travailler sur des dimensions plus diversifiées à la condition de préserver une régularité dans les éléments utilisés pour chaque activité : on utilisera par exemple quatre tailles différentes à l'intérieur d'une même activité.

La spécificité de l'écriture arabe fait que l'espacement entre les lettres y est confondu avec la largeur des lettres. La largeur des lettres arabes revêt donc une importance plus grande que la largeur des lettres romaines car son respect est nécessaire à la lisibilité de certaines lettres comme le montre cet enchaînement de lettres نبسشثشنبسث qui correspond aux lettres isolées suivantes : ن ب س ش ث ش ن ب س ث

Ce n'est pas le cas pour les caractères latins puisqu'ils supportent sans grande gêne les étrécissements (resserrements des lettres elles-mêmes) et les télescopages (resserrement excessif entre les lettres au point qu'elles se touchent).

La différenciation des dimensions en largeur pourra se faire sur le même principe d'alternance qu'en hauteur. Comme elle, elle pourra s'appuyer sur tout type d'ateliers pour donner de l'intérêt à l'activité par le biais de l'interdisciplinarité. Comme pour l'écriture française, cette activité peut se conclure par un collage de vignettes rectangles vierges de toute inscription pour figurer par leurs dimensions les lettres d'un mot ou d'une courte phrase.

Différenciation des espacements

Ce qui nous intéresse ici est la différenciation entre les *espacements entre les lettres* et les *espacements entre les mots* tout en conservant la régularité de chacun. La préparation consiste en des regroupements d'objets puis d'images collées ou apposées au tampon sur le principe des algorithmes, par exemple OOO OOO OOO ou ΔΔΔ OOO ΔΔΔ OOO ou encore OΔOΔ OΔOΔ OΔOΔ.

Écriture arabe

L'impossibilité de lier ا د ذ ر ز و à la lettre suivante impose dans certains mots de l'écriture arabe un espace vide inconnu en français. Pour préserver son intégrité au mot, cet espace est plus petit que l'espace inter mots. La préparation à l'écriture arabe comporte donc deux dimensions d'espaces entre les séquences. Exemple Δ ΔΔΔ Δ ΔΔΔ Δ ΔΔΔ

Des alternances de couleurs peuvent préparer à la différenciation entre les espaces inter mots et la discontinuité des lettres.

Renforcement par un encodage auditif et un encodage kinesthésique

Par leur régularité, les frappes du tempo en atelier musical assurent un renforcement par encodage auditif de la régularité travaillée en encodage visuel. Les « Comptines pour apprendre à écrire » publiées dans le présent ouvrage sont pour cela un excellent support. Leur progression a été étudiée pour que les plus petits puissent bénéficier au début de tempi plus lents ; la vitesse s'accélère au fil de la progression des activités de préparation à l'écriture.

Les frappes peuvent suivre le tempo ou être frappées un tempo sur deux ; elles peuvent aussi s'alterner en rythme binaire (dans les mains, sur la table) ou ternaire (dans les mains, sur la table, sur les cuisses)[4].

Une fois acquise la régularité des frappes dans les mains, l'enfant est à même de réaliser les mêmes frappes sur la table. Au lieu de frapper sur place, il peut

4. *Cf.* CD audio et méthode d'utilisation « Comptines pour apprendre à écrire » CDDP de Laon, CRDP d'Amiens avec frappe des tempi ou du rythme.

frapper ensuite le tempo en déplaçant peu à peu le bras vers la droite – vers la gauche pour l'écriture arabe. Le suivi du rythme du tempo assure à ce déplacement une régularité qui peut être réinvestie sur papier par un déplacement analogue de la main qui appose un tampon le long d'une ligne horizontale non matérialisée.

Le collage d'images sur une feuille avec la même régularité est alors réalisé à la période de convergence entre l'encodage visuel par la disposition d'objets matériels (*cf.* pages 67 à 71) et cet encodage kinesthésique du déplacement de la main renforcé par la mémorisation du rythme des comptines.

Le travail sur la différenciation des espacements peut également s'étayer par les frappes de rythmes de comptines spécialement étudiées pour cela[5].

L'axe d'inclinaison

Comme nous l'avons souligné au sujet de l'universalité (chapitre 2, page 24) notre environnement nous propose des référents visuels essentiellement orthogonaux. La position verticale de l'axe des lettres trouve donc plus de supports thématiques que leur inclinaison, qu'il s'agisse d'objets à observer dans notre environnement, d'objets manipulés en classe, d'images à coller ou de tampons à apposer. De même, sauf les ronds – qui n'en ont pas – les gommettes de forme géométrique que l'enfant colle sur son cahier ont majoritairement un axe vertical. Tout l'encodage visuel de la régulation des espaces et des dimensions converge donc également vers l'intégration de la verticalité de l'axe des images, donc des lettres (*cf.* page 68).

Isoler cette compétence en proposant de fixer prioritairement son attention non plus sur la régularité des espaces, la tenue de la ligne ou la diversification des dimensions mais sur la verticalité en consolide l'acquisition.

Arrivé à ce stade, l'enfant a accès aux lettres majuscules typographiques.

Mise en application avant l'écriture cursive, une solution d'attente : les majuscules typographiques

La désignation de l'écriture cursive par l'expression « écriture en attaché » met l'accent sur la liaison des lettres entre elles. Ce travail d'enchaînement

5. *Cf.* CD audio et méthode d'utilisation « Comptines pour apprendre à écrire » CDDP de Laon, CRDP d'Amiens avec frappe des tempi ou du rythme.

du geste d'écriture relève de la gestion dynamique de l'espace graphique et nécessite un apprentissage spécifique.

Au contraire, par la simplicité de leurs formes, les majuscules typographiques sont directement accessibles dès l'acquisition de l'usage de la main appropriée, du sens de déroulement de l'écriture, de la tenue du crayon, de la posture, du déplacement des organes scripteurs et de l'organisation de l'espace graphique.

Elles constituent donc une bonne solution d'attente d'autant plus que l'environnement (signalisations, enseignes, livres, journaux etc.) offre quotidiennement à la vue des gros titres en majuscules typographiques.

Leurs formes simples les rendent faciles à sérier :
– les traits verticaux et les traits horizontaux permettent d'écrire les lettres I, L, F, E, H, T, donc des mots ne contenant que ces lettres-là,
– les traits obliques ajoutent M, A, N, V, W, K, X, Y Z,
– et les ronds : C, O, Q, G, D, P, B, R, U, J, seule la lettre S est plus compliquée.

Les formes de base correspondantes ont déjà été acquises :
– dans le cadre de la tenue du crayon et du déplacement des organes scripteurs pour les premiers (I, L, F, E, H, T),
– avec la course aux zigzags du déplacement des doigts pour les seconds (M, A, N, V, W, K, X, Y Z),
– et avec la mobilité des doigts pour les derniers (C, O, Q, G, D, P, B, R, U, J).

Elles ne nécessitent donc aucun apprentissage spécifique hormis la reconnaissance de la forme de la lettre à apprendre ce qui est facilité par leur juxtaposition. Il est bon toutefois de respecter l'ordre de progression énoncé ci-dessus.

Les caractères des majuscules typographiques offrent à l'enfant une possibilité d'écrire tout texte auquel il n'a pas accès tant que les compétences acquises en cursive ne le lui permettent pas. En revanche l'écriture script sera soigneusement évitée. Si elle facilite l'accès à la lecture, elle apporterait une difficulté à l'apprentissage de l'écriture cursive qui lui succèderait car d'une part elle habitue à de fréquents arrêts du geste, d'autre part écrire en cursive ne signifie pas relier entre elles les lettres strictement stéréotypées de l'écriture script, mais bien dérouler un fil graphique constitué de formes susceptibles d'être modulées par leur position dans le mot et placer les signes libres (points sur les i, barres de t et accents) au moment le plus favorable pour éviter de ralentir l'écriture (*cf.* chapitre 10).

Pour une bonne mise en pratique

☺ À faire

☺ Garder présent à l'esprit que la diversification des encodages favorise la décontextualisation.

☺ Travailler en concomitance avec les autres activités préparatoires à l'acquisition des autres compétences de base.

☺ Travailler le rythme d'espace dans tous les types d'activité.

☺ Faire réinvestir en production graphique tous les acquis des autres ateliers sous forme de taches de peinture à l'éponge, de tampons, de collages de gommettes ou d'images, de petits tracés verticaux à la peinture à doigt, de tracés horizontaux au crayon ou au feutre...

☺ Pour le réinvestissement sur papier, lorsque l'enfant commence la gestion statique de l'espace graphique en grande section ou en fin de cycle 1, rappeler si nécessaire les activités qui ont servi à la mise en mémoire du rythme à reproduire. (Inutile si l'enfant a commencé la gestion statique de l'espace graphique en petite section, l'encodage n'est entravé par aucune habitude graphique, le réinvestissement se fait automatiquement).

☺ Prendre le temps nécessaire à l'installation du rythme d'espace graphique.

☹ À ne pas faire

☹ Faire référence verbalement à l'espace graphique lorsqu'on le prépare par un travail sur le rythme d'espace dans d'autres activités.

☹ Mettre des points de repère sur les feuilles des enfants.

☹ Confondre cadre logique pour la mise en place d'éléments et points de repère superflus.

☹ Confondre gestion statique de l'espace et immobilité de l'enfant.

☹ Prendre les activités de déplacement en salle de motricité pour des exercices de gestion dynamique de l'espace.

☹ Demander des productions graphiques au crayon ou au feutre autres que celles d'apprentissage de la tenue du stylo et de motricité fine des doigts tant que la gestion de l'espace n'est pas réussie (ce qui ne signifie pas « interdire à l'enfant de dessiner »).

😐 Il vaut mieux

😐 Diversifier les ancrages mnésiques.

😐 Travailler le même rythme dans plusieurs ateliers et sur plusieurs thèmes (sans que l'enseignant fasse référence verbalement dans un atelier ou sur un thème à ce qui se fait dans les autres).

😐 Faire aligner des gommettes carrées, rectangulaires ou triangulaires plutôt que des rondes, la rectitude de leur côté facilite l'alignement.

TIONS

TANT EN PLACE LE RYTHME D'ESPACE

avec des voitures :

bouchons sur l'autoroute au départ en vacances,

voitures arrêtées aux feux rouges aux heures de pointe,

- châteaux ou pyramides de cubes,
- accrochage des wagons de trains (choix à opérer entre des wagons de plusieurs dimensions),
- colliers de perles (alternance des dimensions des perles).

ATELIER MUSICAL

- rythmes,
- réinvestissement des jeux et des sons sur papier (le réinvestissement peut être proposé ou utilisé inconsciemment dans d'autres thèmes d'activités graphiques),
- utilisation des hauteurs et longueurs de sons des comptines.

MOTRICITÉ

- des enfants espacent régulièrement des cubes plastiques qui figureront des rochers, des dalles, des plots... (selon le thème choisi). Les autres vérifient visuellement la régularité des espacements. Une fois la mise en place finie, les enfants sautent d'un cube à l'autre, sautent par-dessus les cubes ou les contournent selon le thème choisi.
- les enfants se placent puis évoluent selon un rythme d'espace convenu.

RÉINVESTISSEMENT DE CONTES

- les cailloux du « Petit Poucet » (à espacer par groupes régulièrement),
- les nains de « Blanche Neige » reviennent du travail en file indienne,
- les assiettes et les verres des nains sont régulièrement disposés sur la table,
- les porteurs du « Livre de la jungle », les personnages de « Pierre et le loup »... marchent en file indienne,
- la promenade des éléphants.

DIVERS

- les hirondelles se réunissent sur les fils avant de partir (l'enfant trace lui-même les fils puis place des hirondelles – gommettes ou images),
- alignements d'objets de toutes sortes,
- réinvestissement de ces alignements :
  - l'étal du marchand,
  - les flotteurs qui délimitent le périmètre de sécurité à la mer ou au lac,
  - les guirlandes de boules de Noël,
  - les flotteurs qui délimitent les couloirs de natation,

- alignements et compositions diverses rythmées (cubes, voitures, jouets divers, livres rangés sur les étagères, fleurs pour faire un bouquet...) en variant la taille des éléments,
- réinvestissement sur papier des alignements et compositions.

COMPTINES POUR APPRENDRE À ÉCRIRE

Toutes les comptines sont concernées en fonction de l'inspiration et de l'habileté de l'enseignant.

Les rythmes, hauteurs de sons, longueurs de sons proposés par la mise en musique font des « comptines pour apprendre à écrire » un support d'atelier musical. Le travail réalisé en atelier musical peut être réinvesti en activité graphique participant ainsi à la préparation de la gestion statique de l'espace d'écriture. Toutes les comptines des différents chapitres peuvent être utilisées. Il nous a semblé plus intéressant de proposer à l'enfant de travailler en gestion statique de l'espace les comptines qu'il a utilisées à d'autres fins par ailleurs, c'est pourquoi ce chapitre ne comporte pas de comptines spécifiques.

6 Le code scriptural : unités minimales et formes de base

La finalité de l'écriture, tel que nous en avons défini la modélisation est d'avoir une fonction sémantique (*cf.* page 14) ; pour cela elle utilise des lettres agencées en mots formant des phrases porteuses de sens.

Une fois acquises les compétences d'usage de la main appropriée, de reconnaissance et de pratique du sens de déroulement de l'écriture, de tenue du crayon, de posture, de déplacement des organes scripteurs et d'organisation de l'espace graphique, l'enfant est prêt à produire efficacement les formes apprises par ailleurs.

Les produire efficacement signifie les produire en mettant en œuvre l'ensemble de ces compétences mais aussi en ayant acquis la fluidité et l'automatisme nécessaires à une écriture courante. Outre les compétences rappelées ci-dessus, la production de formes adaptées implique en effet deux choses :

- Avoir travaillé la fluidité du geste.
- Avoir parallèlement intégré les formes de base qui serviront à former les lettres.

C'est l'affaire de la gestion dynamique de l'espace graphique : à partir du développement des compétences kinesthésiques, elle vise à la production des formes de base de l'écriture au moyen de gestes adaptés.

La question se pose donc de savoir quelles sont les formes constitutives de l'écriture manuscrite. Comme il s'agit d'écriture manuscrite créée par un geste, et que l'objectif est la mise en place du geste qui créera les formes, le sens de déroulement fait donc partie intégrante de la conceptualisation de ces formes.

Le sens de déroulement de l'écriture

L'écriture manuscrite romaine procède d'un fil graphique qui se déroule de gauche à droite en gardant presqu'en permanence entre chaque lettre ou dans les lettres un contact courbe avec la ligne de base.

Garçon GS. Dans cet exemple seule la base du corps des m et n n'est pas en contact courbe avec la ligne.

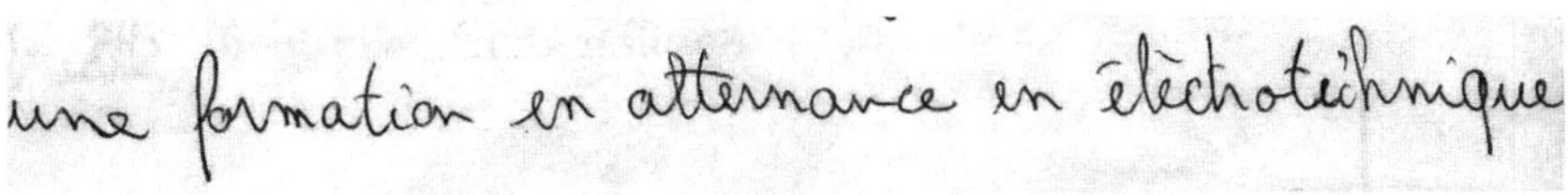

Garçon 16 ans. Dans cet exemple seule la base du corps des h, m, n et r n'est pas en contact courbe avec la ligne.

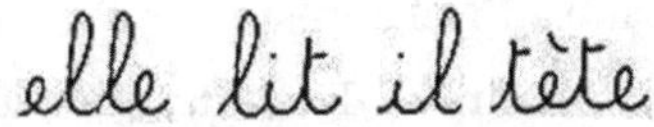

Modèle d'écriture – MS – Toutes les lettres utilisées dans cet exemple ont un contact courbe avec la ligne de base.

En suivant la trace de la base des lettres on obtient une sorte de feston, continu ou discontinu, qui se déroule vers la droite en reprenant appui en permanence sur la ligne de base.

L'évolution de l'écriture, à l'âge adulte, tend très souvent à accentuer cette progression antihoraire en transformant systématiquement ou fréquemment les m et n en u et les r en i au fil de l'écrit :

Chez l'adulte, les lettres de sens horaire sont très souvent transformées en lettres de sens antihoraire. Écriture de quatre adultes différents.

Les formes qui suivent cette trajectoire courbe antihoraire s'analysent donc comme des **tracés préférentiels spontanés**. En conséquence, elles seront donc à répertorier au titre des formes de base.

L'observation du handicap graphique des personnes atteintes de la maladie de Parkinson semble confirmer que les tracés antihoraires font partie des automatismes et que les tracés horaires demandent plus d'effort volontaire. En effet, tandis qu'elles ont perdu les automatismes (par exemple le ballant des bras) ces personnes éprouvent beaucoup de mal à réaliser les boucles, tracés antihoraires par excellence, alors que les tracés horaires, comme ceux des lettres m et n leur sont beaucoup plus accessibles.

D'autre part les gauchers qui placent leur main au-dessus de la ligne d'écriture ont tendance à tracer les lettres rondes à l'envers. Or ce sens de déroulement correspond dans ce cas au même mouvement que la réalisation des ronds – ou des boucles – de sens antihoraire réalisés avec la main sous la ligne : les doigts se plient et se déplient dans un geste de fermetures successives de la main.

Les formes de l'écriture

Une observation rapide de l'alphabet pourrait laisser supposer que les lettres sont composées d'une quantité de formes différentes.

À l'observer de plus près et sans tenir compte des attaques, des constantes se dégagent :

• **a**, **c**, **d**, **g**, **o**, **q** soit 23 % des lettres, ont en partie la même **forme arrondie** qui existe aussi sur la moitié du **x**, ce qui porte le pourcentage à **27 %**,

• **b**, **e**, **f**, **h**, **k**, **l**, sont intégralement ou essentiellement en forme de **boucle** soit **23 %** des lettres,

• **i**, **t**, **u**, **v**, **w**, **y** sont intégralement ou essentiellement en forme de **coupe** (en référence à une coupe à fruits), soit **23 %**,

• **j** a le même jambage en sens horaire que **g** et **y** soit **11,54 %**,

• **m**, **n**, **p**, **h** et **r** soit **19,23 %**, partagent en partie une forme de **pont**,

• **s** et **z** soit **7,69 %** échappent à priori au classement en formes de bases de même qu'une partie de **p**, **q**, **k** et **x**.

Les formes de base de l'écriture

(boucles, coupes, ronds, ponts, boucles des jambages).

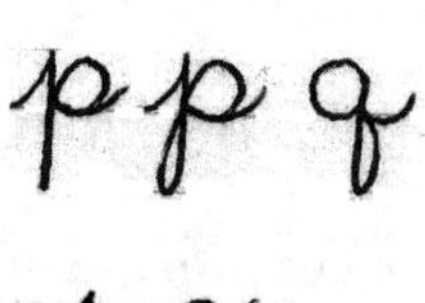

Lettres québécoises différentes des lettres françaises (2 variantes de p)

En conséquence :

– 73 % des lettres sont constituées pour l'essentiel de tracés antihoraires courbes en forme de rond, boucle ou coupe,

– 19,23 % sont constituées pour l'essentiel de tracés horaires courbes en forme de pont,

– 11,54 % ont un jambage antihoraire,

– 7,69 % des lettres échappent à priori au classement en formes de base.

L'examen des attaques et celui des finales montrent que :

– 6 lettres seulement (m, n, v, w, x et y) ont une attaque horaire et la seule lettre cursive romaine à se terminer en sens antihoraire sans descendre sous la ligne est le s français ;

– 14 lettres (b, e, f, h, i, j, k, l, p, r, s, t, u, z) ont une attaque antihoraire courbe située en zone médiane, c'est-à-dire dans la zone des lettres basses et 16 (a, c, d, e, f, h, i, k, l, m, n, p, r, t, u, x) (plus le s québécois) ont une finale antihoraire courbe sur la ligne de base ;

– 4 lettres (b, o, v, w) ont une finale antihoraire courbe située en haut de la zone médiane.

En conséquence,

– 73 % des lettres sont constituées pour l'essentiel de tracés antihoraires courbes en forme de rond, boucle ou coupe,

– **53,84 % des lettres ont une attaque antihoraire courbe**, ce qui représente **70 %** des lettres autres que les lettres rondes (qui s'attaquent directement, *cf.* page 110),

– 76,92 % des lettres ont une finale antihoraire courbe dont 15,38 % située en haut de la zone médiane.

L'observation de la trace écrite montre que, hormis après b, o, v et w, la liaison des lettres à la suivante se fait sur la ligne et que, à part s pour l'écriture française et s compris pour l'écriture américaine et québécoise, toutes les lettres de l'écriture romaine ont au moins une partie dirigée en sens inverse des aiguilles d'une montre.

En conclusion, toutes les lettres de l'écriture romaine possèdent soit à l'attaque, soit dans le corps, soit en finale un tracé antihoraire courbe qui est également le tracé de prédilection du contact des lettres avec la ligne de base et le tracé de remplacement des lettres en pont lorsqu'elles sont déformées.

Il s'ensuit que ce tracé est la première forme de base.

Nous avons été tentée de qualifier de positif le sens antihoraire puisqu'il se déroule de gauche à droite sur la ligne de base et, par opposition, de qualifier de négatif le sens horaire. Nous abandonnerons cette idée car les tracés horaires des m, n, p, h et r se déroulent également de gauche à droite, la différence ne réside pas tant dans le sens de la progression que dans le lieu de la progression : alors que la très grande majorité des tracés antihoraires progressent de gauche à droite *sur* la ligne de base, la très grande majorité des tracés horaires de l'écriture cursive romaine progressent de gauche à droite *au sommet* de la zone médiane, seuls s et x se déroulent en sens horaire donc de droite à gauche sur la ligne de base.

Un tracé courbe antihoraire attaqué sur la ligne et finissant sur la ligne forme une boucle l ou une demi-coupe lorsqu'il est étréci λ (le terme de coupe correspondant à ce tracé u fait référence à la forme creuse d'une coupe à fruits). Le traitement informatisé de l'image montre qu'une même boucle peut être étirée en hauteur ou en largeur, elle reste toujours le produit d'un même type de mouvement qui s'amplifie ou se rétracte dans un sens ou dans l'autre suivant le résultat escompté : e et l sont donc bien issus d'une même « forme » ou plus précisément d'un même type de geste.

On peut donc dire que **la boucle** est la première forme de base de l'écriture.

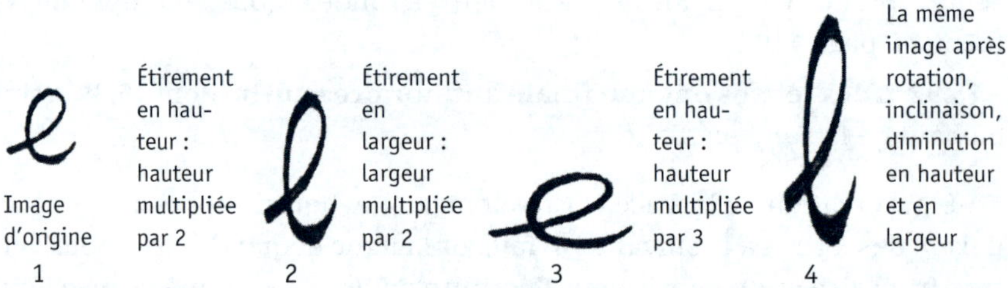

Le traitement informatisé de l'image montre qu'une même forme peut être étirée en hauteur ou en largeur, elle reste toujours le produit d'un même type de mouvement qui s'amplifie ou se rétracte dans un sens ou dans l'autre suivant le résultat escompté. Le lecteur reconnaîtra dans les images 1 et 4 respectivement les lettres e, l.

Un étrécissement très prononcé de la boucle la fait redescendre en trait couvrant. **Deux** boucles consécutives réalisées en trait couvrant forment une coupe.

Une boucle dépourvue d'attaque et de finale forme un rond.

En conséquence la coupe et le rond sont des formes dérivées de la boucle comme l'illustre l'écriture ci-dessous dans laquelle la coupe du u de « au » est à la limite de la double boucle de même que le o de « bord » est à la limite de la boucle proprement dite.

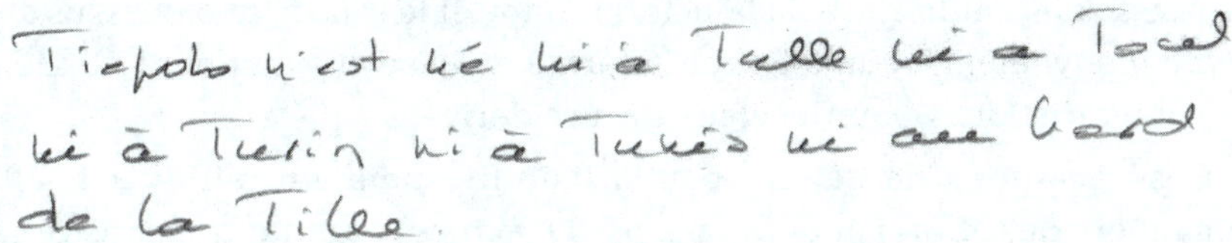

Les formes de base

Nous pouvons donc dire que nous reconnaissons dans l'écriture manuscrite romaine deux formes essentielles que nous appellerons ***formes de base***

– **la boucle** qui progresse en sens antihoraire sur la ligne de base eee

– **le pont** qui progresse en sens horaire au sommet de la zone médiane m

Deux formes sont dérivées de la boucle :

– **la coupe** qui avance comme la boucle proprement dite mais sans tourner uu,

– **le rond** qui tourne comme la boucle proprement dite mais sans avancer o.

Nous appellerons ***formes dérivées*** les variantes des formes de base. Dans l'écriture française seule la boucle a des formes dérivées (la coupe et le rond).

La vitesse pourrait tendre à créer des confusions entre les lettres simples formées par la boucle (e, l) – c'est-à-dire celles qui ne sont composées que d'une seule forme de base – et les lettres simples formées par ses dérivées (u, i, t d'une part ; c et o d'autre part) : i peut ressembler à e et inversement, u peut ressembler à ee, o peut ressembler à e et inversement, t peut ressembler à l et inversement. Cette ressemblance ne prête toutefois pas à confusion.

En effet, dans ce cas, entre e, i et u la lisibilité est assurée par la présence du point pour i et la coupe complète pour u. Entre t et l la lisibilité est assurée par la présence de la barre pour t. Si o peut ressembler à e lorsqu'il est attaqué et fermé en bas, la distance à la ligne de base de la fermeture du bas de la boucle assure alors la lisibilité (*cf.* illustration p. 85 : « bord » ligne 3 comparé à « né » ligne 1).

Il n'y a jamais confusion entre deux formes dérivées : i et u ne peuvent pas être confondus avec o ni inversement.

Ces observations confortent la position de la boucle comme unique forme de base à sens antihoraire : la boucle, la coupe et le rond sont bien issus d'un même mouvement, complet pour la forme de base et ayant perdu l'une de ses caractéristiques pour les deux formes dérivées.

Ces variations ne gênent pas la lisibilité pour un œil averti ; elles demandent des efforts pour qui n'a pas la lecture courante car, dans ce cas, la discrimination entre les lettres n'est pas courante mais déductive (présence d'un point, d'un accent, d'une barre, redoublement). Elles sont le propre des écritures d'adultes. Elles ne sont pas acceptables en classe chez l'enseignant car son écriture doit servir de modèle. Elles ne sont acceptables chez l'enfant que ponctuellement et lorsqu'elles sont très faiblement marquées.

Avec 19,23 % de présence essentielle dans les lettres – contre 73 % pour la boucle – **le pont** est la deuxième et dernière forme de base. Sa position de seconde forme de base n'est pas due exclusivement à ce pourcentage. Elle est inhérente à sa progression au fil de l'écriture puisqu'il ne progresse vers la droite qu'en haut de la zone médiane. S'il poursuit sa trajectoire horaire sur la ligne, il part vers la gauche comme le fait le s. Il nécessite donc l'intervention d'une coupe pour se relier à l'unité suivante. C'est la raison pour laquelle toutes les lettres à pont se terminent par une brève forme de boucle, c'est-à-dire une courbe antihoraire.

Maman m'amène à l'école.

Tournant en sens horaire comme le pont, **les ronds à l'envers** des p américains et québécois sont des **formes dérivées du pont**.

Les formes secondaires

Contrairement aux formes de base, **les jambages bouclés horaires** se développent sous la ligne de base et ne concernent que trois lettres (*g, j* et *y*). Nous les appellerons des formes secondaires. Tournant en sens antihoraire, le jambage du *f*, pour sa part, est le seul jambage à répondre à la définition de la boucle dans l'écriture romaine française. S'y ajoute celui du *q* dans l'écriture québécoise.

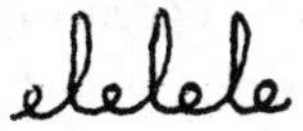

Boucles à l'endroit

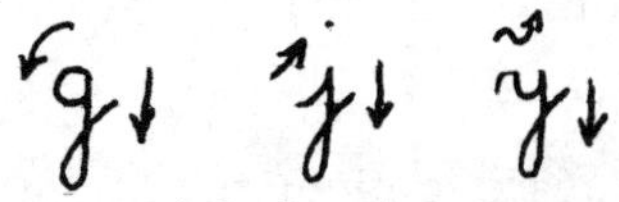

Le geste du jambage de g, j et y est dissocié du geste qui précède par un changement de direction

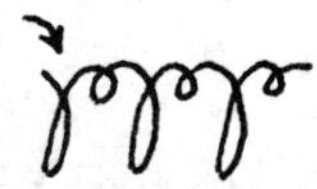

Boucles à l'envers

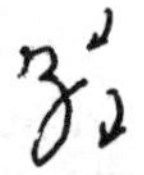

z est la seule lettre à être réellement constituée d'une boucle à l'envers au sens strict du terme

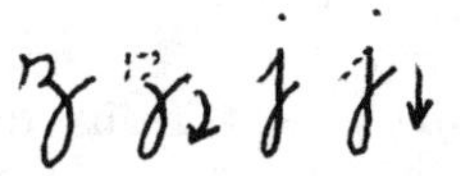

z comparé à j

q québécois – f français et québécois jambages de sens horaire. Leur forme de base est la boucle

Lorsqu'elle existe la boucle du p québécois est analogue au jambage bouclé des autres lettres mais elle monte plus haut

Les jambages bâtonnés du *p* et du *q* français sont également une forme secondaire.

Les formes spécifiques

Nous appellerons **formes spécifiques** les formes spécialisées dans l'écriture d'une seule lettre. Elles se décomposent en deux catégories :

• les formes qui font partie intégrante du corps de la lettre. Nous parlerons alors de **formes spécifiques intégrées**. Ce sont : l'arrondi du *s*, l'ensemble du *z*, la boucle à l'envers du *k* et la première boucle du *x*,

• les formes qui ne s'intègrent pas au corps de la lettre. Nous les appellerons **formes spécifiques annexes**. Ce sont : la barre du *t*, le point sur le *i*, le tréma, la cédille et les accents.

Les unités minimales

La continuité du fil graphique nous conduit à dissocier la notion de forme de base et dérivées (*la boucle, la coupe, le rond, le pont toujours suivi d'une amorce de boucle*) de celle d'unités minimales constitutives de l'écriture (*la boucle* et *le pont*).

• Les premières s'inscrivent dans le continuum du geste, sauf le rond. Ce sont elles qui permettent à l'enfant d'entrer dans le geste de l'écriture cursive. Elles apparaissent dans l'écriture sous forme aménagée à la fois en fonction des lettres qui suivent et qui précèdent, de leur emplacement dans la lettre et/ou de choix personnels.

• Les secondes sont des idéalités, c'est-à-dire des notions abstraites qui permettent de comprendre le fonctionnement de l'écriture. Elles sont à l'écrit sensiblement ce que le phonème est à l'oral. Elles ne sont accessibles que par une démarche intellectuelle.

Formes de base et dérivées   Unités minimales

Les variations de forme

À l'instar des variations des phonèmes en linguistique[1], les aménagements des formes de base se dissocient en trois types :

I • Les variations obligatoires et contextuelles.

Après une lettre finissant en haut du premier interligne (*o, b, v, w*) :

– obligation de réduire les ponts après une lettre finissant en haut du premier interligne : premier pont du *n* et du *m*, pont d'attaque des *v* et *w* (comparer *on* et *en* ; comparer *ov* et *ev* de *novembre* et *février*),

– obligation de réorienter les coupes d'attaque des lettres *r, s, x, z* (comparer *br* et *gr, os* et *is* dans *brosse* et *grise*).

II • Les variations conditionnées à un facteur externe.

1. CLAIRIS Christos, 2005, *Vers une linguistique inachevée* pages 24 et suivantes

A. Elle peuvent être synchroniques[2], c'est-à-dire coexister à une même époque.

a. Lorsque **ce facteur externe est national**, les variations revêtent un caractère d'obligation pour l'apprenant. C'est le cas des variations entre *s*, *t*, *p* et *q* français et québécois. Les variations de *s*, *t* et *q* sont des aménagements de formes. Le *p* québécois introduit une forme dérivée qui n'existe pas en français (*cf.* page 132 et 134).

b. Lorsque ce **facteur** – **externe à l'écriture** – est **interne à la classe**, le caractère d'obligation est laissé à la discrétion de l'enseignant : par exemple s'il propose un modèle avec œilleton, rien sinon sa propre appréciation ne l'oblige à accepter une angulation, voire une tige aux *b*, *r* et *s* et vice-versa et rien non plus ne l'empêche de le faire (*cf.* page 128). De même pour les hampes courbes ou droites qui sont des variations ne touchant pas les formes de base en elles-même (*cf.* page 127).

B. Elle peuvent être diachroniques[3], c'est-à-dire liées à l'époque.

a. En ce qui concerne le XXe et le XXIe siècles, seuls directement accessibles actuellement à notre mémoire, ces variations n'ont affecté le modèle scolaire qu'au début du XXe siècle. Il s'agit de variations à la fois diachroniques et **diastratiques**, c'est-à-dire liées aux strates de la société : l'enseignement de l'écriture au rythme d'un métronome dans les pensionnats du Sacré Cœur destinés aux jeunes filles de familles aisées créait des angles à la base et au sommet des lettres (*cf.* illustration 1, page suivante). Cette angulation des formes de base n'a existé en France qu'à cette période (variation diachronique) et uniquement pour cette tranche de population (variation diastratique).

b. Les autres variations diachroniques du XXe siècle ne concernent pas l'écriture enseignée à l'école. Soumises à la mode du moment par définition, elles marquent une époque et *tendent* en même temps à être diastratiques en différenciant les écritures d'hommes et les écritures de femmes :

– dans les années 1960/1970 de nombreuses jeunes filles fransformaient les ponts en coupes plus ou moins annelées (*cf.* illustration 2, page suivante),

– dans les années 1980/1990 est apparue une écriture semi-script encore de mode actuellement (*cf.* illustration 3, page suivante). Les lettres se dissociant, les attaques et finales des lettres à pont y ont tendance à se verticaliser au lieu de garder l'inclinaison qui assure le passage en souplesse de la boucle au pont

2. et **3.** Notre propos étant de proposer une méthode d'enseignement de l'écriture, la valeur évocatrice de la différence terminologique entre « synchronique » et « diachronique » nous semble justifier de ne pas employer, dans ce cadre, l'expression de « synchronie dynamique » utilisée en linguistique pour qualifier les variations à échelle humaine.

et du pont à la boucle. Le galbe des formes de base s'est durci. Les boucles des hampes y sont souvent remplacées par des demi-coupes, autrement dit les hampes sont bâtonnées. Avec ces variations qui respectent la forme de base de référence, coexistent parfois dans une même écriture les inversions déjà présentes chez la génération précédente : certains ponts sont transformés en coupes. Cette inversion est plus fréquente chez les femmes que chez les hommes.

Illustration 1 - Femmes nées au début du XXe siècle

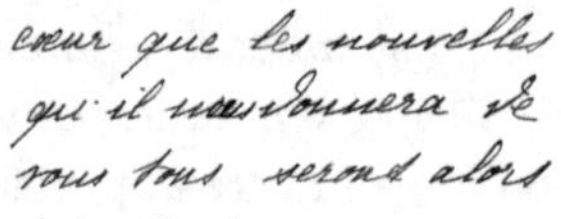

Écriture de type Sacré-cœur

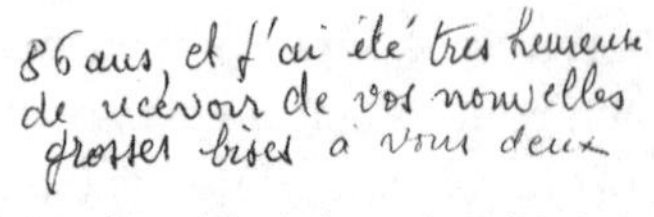

Écriture telle qu'elle était apprise à l'école laïque

Illustration 2 - Femme née dans les années 1950

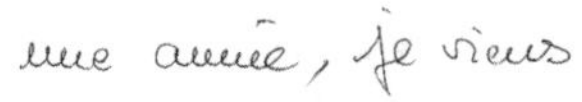

Illustration 3 - Femme née dans les années 1970

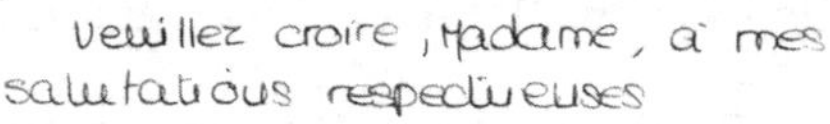

III • Les variations libres. Il s'agit de variations personnelles c'est-à-dire, en ce qui concerne les enfants, de variations autres que celles adoptées par le groupe classe.

A. Chez l'enfant, à l'exception des légers annelages involontaires des coupes ou des hampes bâtonnées, elles recoupent les variations proposées par l'enseignant : présence ou absence d'œilleton sur les *b, f, o, r, s, v, w, z*, horizontalité ou légère inclinaison du plateau des *r* et *z*, angulation ou arrondi de l'extrémité droite de leur plateau.

B. Les variations plus personnelles de l'écriture de l'adulte seront analysées chez l'enfant comme des erreurs de forme (exemple : réduction ou suppression des ponts des *p*, simplification des *r*, absence de remontée des jambages. *cf.* écriture d'adulte ci-dessous). Ces variations n'ont pas lieu d'exister dans l'écriture des enfants puisqu'il faut avoir intégré les modèles avant de les dépasser, c'est-à-dire de les adapter de façon personnalisée.

Variations libres dans une écriture d'adulte :

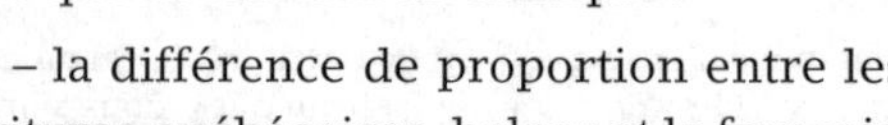

Toutes ces variations peuvent porter sur d'autres composantes de l'écriture que la forme. Par exemple :

– la différence de proportion entre les hampes et la zone médiane des écritures québécoises, belges et la françaises (*cf.* page 73) sont des variations synchroniques conditionnées à un facteur externe,

– des variations diachroniques ont affecté l'inclinaison de l'écriture : enseignée inclinée avant la guerre de 1939, l'écriture est maintenant enseignée verticale,

– les écritures d'hommes et de femmes tendent depuis quelques décennies à se différencier par des variations diastratiques de dimension et de continuité de la liaison entre les lettres (Ce serait toutefois une erreur de faire de cette tendance une généralité).

Écriture d'homme né dans les années 1970 – Comparer avec l'illustration 3.

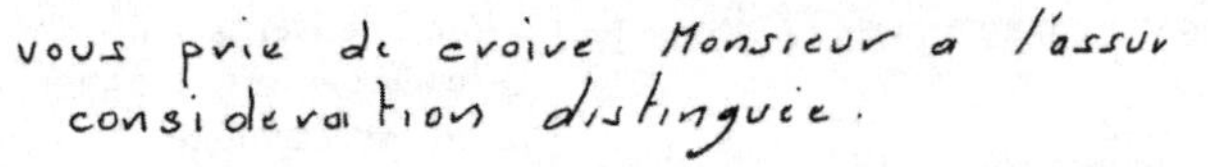

Une prise de conscience de ces variations est nécessaire pour éviter d'introduire des caractéristiques personnelles dans les modèles proposés aux enfants et pour saisir ce qui, parmi les variations réalisées par les enfants, peut être accepté ou mérite d'être rectifié.

En résumé :

– Nous appelons *unités minimales* les idéalités, c'est-à-dire les notions abstraites, modèles absolus qui permettent de comprendre intellectuellement la formation des lettres.

– Nous appelons *formes* les réalisations concrètes du produit des unités minimales sous forme d'une trace sur un support.

– Nous appelons *lettres* les unités constituées d'une ou plusieurs formes et reconnaissables pour donner accès à la lecture.

L'écriture cursive romaine se compose de :

– deux formes de base : la boucle et le pont,

– deux formes dérivées de la boucle : la coupe et le rond,

– une forme dérivée du pont pour l'écriture québécoise et américaine : le rond à l'envers,

– deux formes secondaires : le jambage bouclé horaire et le jambage bâtonné,

– des formes spécifiques intégrées : l'arrondi du s, l'ensemble du z, la boucle à l'envers du k et la partie gauche du x,

– des formes spécifiques annexes : la barre de t, le point sur le i, le tréma, les accents et la cédille, plus la barre transversale du x dans l'écriture québécoise.

Le modèle calligraphique doit être respecté mais il n'est pas figé, certaines variations de forme peuvent être acceptées dès lors qu'elles ne modifient pas l'économie du geste d'écriture.

LES UNITÉS DE BASE DE L'ÉCRITURE	
1re UNITÉ MINIMALE, sens antihoraire : LA BOUCLE	**2e UNITÉ MINIMALE, sens horaire : LE PONT**
1re FORME DE BASE : LA BOUCLE Elle tourne et avance en progressant sur la ligne de base dans le sens de déroulement de l'écriture. **2 formes dérivées :** **La coupe** (sorte de double boucle) **:** elle avance comme la boucle proprement dite mais elle ne tourne pas. **Le rond :** il tourne comme la boucle mais il n'avance pas.	**2e FORME DE BASE : LE PONT** Sa progression dans le sens de déroulement de l'écriture se faisant en haut zone médiane, le pont a besoin d'être suivi d'une boucle, même à peine amorcée, pour exister dans l'écriture cursive. **1 forme dérivée** pour l'écriture québécoise : **Le rond à l'envers :** il se ferme à gauche avant de repartir vers la droite.
Deux formes secondaires : le jambage bouclé et le jambage bâtonné	
Des formes spécifiques intégrées – Des formes spécifiques annexes	

L'écriture arabe

Outre son sens de progression, l'écriture arabe présente une différence notable avec l'écriture romaine, celle de n'avoir aucun jambage dans le corps du tracé : les jambages remontent en zone médiane pour toute lettre qui se lie à la suivante. Cela nous conduit à dissocier les formes de base en fin de mot des formes de base en début et dans le corps des mots.

Formes les plus fréquentes	
En début de mot ou dans les mots	En fin de mot
1 ـد	1 ں
2 صـ	2 ـٮ

Sans entrer dans un détail qui outrepasserait le propos du présent ouvrage, nous suggérons la répartition des formes de l'écriture arabe selon le tableau ci-après dans lequel nous avons également répertorié la différenciation des dimensions en hauteur et en largeur à prendre en compte dans la gestion statique de l'espace graphique.

Proposition de regroupements des lettres	Points d'attaque à droite (1, 2 en haut, 3 en bas)					Points d'attaque à gauche (1, 2 en haut, 3 en bas)				Sens inverse	Un cas particulier
	Lettres liées					Lettres collées					
Geste de base	1 ت			2 ر د	3 ڡ	1 ـه	2 حـ	3 صـ	4 ک	ے	
Dimensions → Finales ↓	ٮٮ	لسلس	ٮٮٮٮ								
ـ	ب ت ث				ف				ك		ه
ں	ن	ل	س ش		ق			ص ض			ه
د				د ذ							ﻬ ﻫ
ر				ر ز	و						
ى	ي										
ح							ج ح خ			ع غ	
I↑		ا						ط ظ		ـعـ	
I↓						م					

7 La gestion dynamique de l'espace graphique : création des formes et accès à l'écrit

Alors que la gestion statique de l'espace graphique assure l'encodage de toutes les composantes spatiales de l'écriture, la gestion dynamique assure la création des formes puisque c'est par le geste que se créent les formes.

L'acte d'écriture conjugue un aspect concret qui est celui de laisser une trace sur un support et un aspect abstrait qui concerne la compréhension de ce qu'on écrit. **Pour que l'acte d'écriture soit efficacement mis en œuvre, le geste d'écriture doit être automatisé de façon à ce que l'enfant soit libéré de l'effort d'attention destiné à former les lettres pour concentrer son attention sur le sens de ce qu'il écrit.**

L'objectif de la gestion dynamique de l'espace graphique est donc de mettre en place les automatismes qui donneront à l'enfant une compétence de base essentielle pour envisager avec confiance la suite des activités scolaires écrites en lui permettant de mobiliser et de mettre en œuvre le geste d'écriture rapidement et de façon peu coûteuse, l'autorisant ainsi à consacrer ses efforts à la production de texte.

Nous proposons donc de travailler sur la mémoire procédurale permettant la mise en place des processus neuronaux qui présideront à la formation des formes de base de l'écriture et d'accéder *ensuite*, par conscientisation, à une métaconnaissance qui, si elle accompagnait *l'apprentissage* du geste, risquerait de focaliser l'attention de l'enfant sur le suivi de la trajectoire des lettres et de ce fait créerait une surcharge cognitive rendant l'enfant plus ou moins indisponible à la compréhension de l'écrit. C'est donc par l'automatisme du geste que nous proposons de mettre en place l'image mentale des formes adéquates et non par l'observation et la verbalisation du dessin des lettres.

La boucle

Il va de soi que la progression de l'apprentissage de la gestion dynamique de l'espace graphique commencera par la boucle, première forme de base de l'écriture, qui entraînera dans la foulée l'apprentissage de ses deux dérivées : la coupe et le rond (*cf.* page 91).

Le point d'attaque et sens de rotation

Outre sa forme, la boucle se caractérise par son point d'attaque et son sens de rotation qui en déterminent respectivement le point et le mode de départ, ce qui situe ces deux apprentissages en amont de l'acquisition du geste de la boucle en lui-même. L'encodage du galbe étant l'étape suivante qui conduira, par réinvestissements successifs, à l'élaboration du tracé.

Nous proposons donc de commencer par l'encodage simultané du point d'attaque et du sens de rotation de la boucle. Pour cela nous suggérons le jeu de croquet selon une règle spécifique à l'école :
– en la poussant avec un maillet, les enfants font passer une balle sous des arceaux (ou à défaut entre deux objets) en partant d'un point défini par l'enseignant, en direction d'un autre point défini par l'enseignant et en tournant toujours le dos à un lieu indiqué également par l'enseignant (par exemple on va de la fenêtre à la porte en tournant toujours le dos à tel mur). Le choix des repères sera tel que les enfants pousseront la balle de gauche à droite. Si la balle dépasse l'arceau, l'enfant la prend à la main pour la déposer quelques décimètres devant l'arceau sous lequel il doit la faire passer.

L'enseignant ne mentionnera ni le nom de gauche ni celui de droite si les enfants n'ont pas encore acquis ces repères (*cf.* chapitre 3). Comme le maillet se tient à deux mains, les deux mains étant placées l'une sur l'autre, peu importe que la latéralité de l'enfant soit fixée ou non.

Focalisant son attention sur sa réussite à faire passer la balle sous les arceaux, l'enfant assurera progressivement son geste. Lorsque le geste sera assuré et automatique, l'étape suivante pourra être abordée.

Le mime peut s'ajouter à ce jeu – ou, à défaut du matériel nécessaire, s'y substituer – pour assurer un complément d'encodage. Par exemple, les enfants mimeront Gaston qui, sur le perron, balaye les feuilles d'automne (*cf.* comptine page 122). Des ballons légers pourront remplacer les feuilles. Le mime se fera dans les mêmes conditions de disposition que le jeu de croquet.

Le galbe et la fluidité

Une fois encodés, le point d'attaque et le sens de rotation seront réinvestis dans des jeux de foulards et/ou de rubans lorsque l'enfant est latéralisé. On veillera à **ne pas vouloir brûler les étapes** : par exemple, les TPS (enfants atteignant 3 ans pendant l'année scolaire) peuvent avoir devant eux toute l'année pour réussir le jeu de croquet (ou le mime de Gaston).

Le rappel : « tu fais comme quand… » assure le réinvestissement du point d'attaque et du sens de rotation pour passer à l'encodage du galbe de la boucle. **Ce geste de boucle peut être intégré à diverses chorégraphies afin que sa répétition ne le rende pas rébarbatif.** Après un apprentissage comme seul mouvement de la chorégraphie pour bien l'encoder, il s'intègre facilement à des chorégraphies plus diversifiées. En le plaçant en finale ou en début de chorégraphie comme une sorte de rituel on lui donne un statut spécifique qui le fixe aisément en mémoire. Là encore, comme dans toutes les activités de mise en place des compétences de base, il ne sera pas question d'annoncer aux enfants l'objectif final de préparation à l'écriture (*cf.* chapitre 2) mais uniquement l'objectif chorégraphique (par exemple, pour le rituel de fin ou de début de chorégraphie, faire de belles boucles avec le foulard ou avec le ruban). En revanche, cette perspective doit rester en permanence présente à l'esprit de l'enseignant afin d'optimiser les résultats.

L'exercice consiste à faire tourner le ruban ou le foulard devant soi, de façon que le geste monte à la hauteur des yeux et ne descende pas au-dessous de la ceinture, en déportant légèrement le geste sur le côté droit pour les droitiers. Mieux qu'une explication technique, une démonstration de la maîtresse et quelques consignes de réajustement permettent de canaliser le geste afin qu'il reste souple et naturel et n'occasionne pas de tensions qui iraient à l'encontre de l'objectif.

L'encodage kinesthésique du geste de la boucle est renforcé par l'encodage visuel – chaque enfant voyant les boucles produites par les autres – et étayé par le support musical et la charge affective occasionnée par le plaisir procuré par cette activité.

La trace du mouvement

Une fois acquise la souplesse du geste - mais pas avant - les premières productions de boucles sur un support peuvent intervenir. Ce sera tout d'abord **la trace du mouvement du ruban ou du foulard** laissée sur une piste verticale à la craie, au feutre ou au crayon de couleur.

La consigne est bien « laisser la trace du mouvement » et non « dessiner les boucles faites par les rubans », c'est-à-dire « faire un mouvement » et non « faire un dessin ». La comparaison de boucles portées par le mouvement et de boucles non portées par le mouvement montre la différence.

Première ligne : une ligne des boucles réalisées en début de rééducation graphique par un enfant (début CE1) dont l'écriture coulait mal – entre autres difficultés.

Deuxième ligne : une ligne des boucles réalisées par cet enfant après une ou deux semaines d'exercice. Les premières sont « des dessins de boucles », les suivantes sont des boucles produites par un geste anticipateur qui leur donne leur fluidité.

Dans le premier cas l'image mentale de la boucle existe, mais l'enfant n'a pas encore intégré le savoir-faire. Ce n'est pas la mémoire imagée – celle qui donne la clé du « que faire ? » – qui fait défaut, c'est la mémoire procédurale – celle qui donne la clé du « comment-faire ? ».

Pour que l'enfant donne mentalement priorité à la réalisation du geste sur la production du dessin, **il faut que son objectif soit la réalisation du geste**, le dessin n'étant alors qu'une conséquence. Si la consigne est « dessine une boucle » l'enfant a pour objectif la réalisation d'un dessin qui soit conforme à l'image mentale qu'il en a, le geste n'est plus l'objectif, donc plus l'objet d'attention ; l'enfant risque de tenter d'ajuster son geste pour essayer de dessiner une boucle au lieu de restituer le geste automatisé.

Le réinvestissement des acquis sera assuré par la verbalisation : « fais comme avec le foulard ». On peut d'ailleurs envisager de faire les premières productions sur le même fond musical que les chorégraphies qui auront donné lieu à l'encodage des boucles.

Pré-requis à l'accès au plan vertical

Marcher en laissant une trace sur une piste verticale n'est pas chose facile pour un tout-petit sauf s'il se déplace face au plan, donc en pas chassés. Un tel déplacement ne répond pas au rythme continu des boucles car il est coupé par le rapprochement des pieds à chaque pas. Les boucles risquent alors d'être une succession de séquences graphiques entrecoupées de saccades au lieu de se dérouler sur une séquence continue.

Il est donc utile d'**apprendre à l'enfant à marcher d'un pas régulier** et à **le faire en tournant légèrement le buste**. On peut pour cela inventer des jeux où les enfants marcheront en file indienne en se regardant dans une glace ou en regardant dehors, ou encore des jeux où ils marcheront sur deux files allant en sens inverse en regardant ceux de l'autre file. Cette activité peut être couplée avec celle des jeux de foulards ou de rubans et s'intégrer aussi à une chorégraphie.

Ce mode particulier de déplacement doit être acquis avant la production des premières boucles sur plan vertical, faute de quoi des saccades pourraient non seulement former des angles entre les boucles, mais aussi les rapprocher ou les éloigner, gênant la fluidité de l'écriture future.

La piste verticale et la dimension des boucles

On obtient un automatisme peu coûteux en énergie et des séquences graphiques régulières en évitant les excès et les inhibitions. Le geste à produire est donc le plus naturel possible, sans tension ni retenue excessives. Nous proposons que, une fois que le mouvement des jeux de rubans ou de foulards est fluide, les premières traces graphiques se fassent sur une piste verticale d'environ 2 mètres de long dont la hauteur ne dépasse pas, ou dépasse peu la tête des enfants, et située par rapport au sol sensiblement à hauteur du coude des enfants ou légèrement plus bas.

Préparé par les jeux de rubans, l'enfant produit des boucles de la dimension convenue, c'est à dire dont le point le plus haut est environ à la hauteur des yeux et dont le point le plus bas est légèrement plus haut que la hauteur du coude. La longueur de son avant-bras guide la dimension en hauteur des boucles, l'écartement de son bras par rapport au corps guide la dimension en largeur, la hauteur de son coude en guide la ligne de base. Lorsque l'enfant se déplace régulièrement le long de la piste graphique, la dimension de ses pas règle celle des espacements. Les dimensions ainsi définies sont obtenues de façon naturelle sans que l'enseignant donne des précisions à ce sujet à l'enfant.

Ainsi conçues, les premières boucles sont une réelle projection du corps de l'enfant, ce qui en assure l'ajustement à sa convenance – puisque c'est lui-même qui rythme ses productions – et ce qui induit une **régularité de toutes les composantes spatiales[1] sous réserve des petites inégalités qui en font la vie**. Une piste graphique en plan incliné ne convient pas pour cet exercice car elle ne permet pas la même projection du corps ni le même réinvestissement du travail fait avec les foulards et les rubans.

---

1. Dimension en hauteur, dimension en largeur, espacement, proportion des espacements par rapport aux boucles, verticalité, tenue de ligne.

L'avantage d'une piste fixée au mur, par opposition à un tableau traditionnel, est l'adaptation de ses dimensions et de son emplacement en hauteur aux impératifs de ce processus d'investissement de l'espace. Une piste en papier offre l'avantage de permettre de conserver les productions des enfants.

Relation entre gestion statique et gestion dynamique de l'espace graphique Intérêt de ce double apprentissage

L'apprentissage de la gestion de l'espace à partir du geste qui le structure par une approche kinesthésique (gestion dynamique) **et** la gestion de ce même espace à partir de manipulations d'éléments tout faits qui le structurent par le biais d'une démarche intellectuelle avec contrôle visuel (gestion statique) convergent vers l'aptitude à gérer l'espace graphique pour que, le moment venu, les formes puissent prendre place harmonieusement dans la page.

Grâce à ces préliminaires, l'enfant saura tracer régulièrement des séquences graphiques horizontales sur une feuille unie. Aucun lignage ne viendra le contraindre tout au long du cycle 1, sauf consigne particulière, puisqu'il aura intégré l'horizontalité. Les mots et phrases qu'il écrira seront placés correctement sans la contrainte des lignes et interlignes.

Une fois que l'enfant saura écrire, techniquement parlant, interviendront les lignages pour normaliser les dimensions – dont les proportions seront déjà acquises – et les adapter aux réglures des cahiers traditionnels, c'est-à-dire vers la fin de la grande section de maternelle.

Les effets concomitants – Expression et communication

Lorsque l'écriture est maîtrisée, le contrôle visuel régule la mise en page et contrôle globalement l'adéquation de la forme des lettres (ou plus précisément de leur choix puisque les formes sont acquises) mais il n'intervient pas dans l'élaboration de cette forme. Il suffit pour s'en convaincre de copier sur une feuille une suite de pseudo-mots imprononçables écrits au tableau : la tendance est de garder les yeux fixés sur le tableau, et éventuellement, mais pas obligatoirement, de contrôler de temps en temps que la ligne est suivie.

Les premières traces graphiques réalisées comme nous le proposons sont directement le produit d'un mouvement, le contrôle visuel n'intervient pas. Par ces premières productions graphiques l'enfant s'extériorise, il s'exprime dans un geste qu'il a certes appris mais dont la trace est mesurée à l'aune de son propre corps.

Il effectue la séquence graphique en tant que projection pour lui-même de l'image mentale des boucles. C'est pourquoi il est très important de donner la consigne « fais le mouvement... » et non « trace des boucles ». Le mouvement est l'expression même de l'enfant alors que la forme est, comme son nom l'indique, la mise en forme de cette expression.

Une fois la ligne finie, l'enfant peut prendre du recul et regarder l'ensemble. Pendant et après cet exercice, les autres enfants peuvent voir la production. Par l'intervention du regard de l'autre, les boucles passent du statut de **moyen d'expression** à celui de **moyen de communication**.

L'acceptation de la production par les autres qui en sont spectateurs est une reconnaissance. D'ailleurs, s'il leur arrive de commenter d'éventuelles saccades, ils ne commentent généralement pas le fait que les boucles des uns soient plus petites ou plus grandes ou plus espacées que celles des autres. Cela leur semble naturel comme leur est naturel le fait de ne pas être tous de la même taille.

Des différences exagérées de dimension ou d'espacement ne peuvent exister que s'il y a eu des failles dans la préparation. En effet, le développement du geste mis en place utilise les dimensions et les proportions du corps de l'enfant et la longueur de son pas (*cf.* page 97). Il est donc analogue d'un enfant à l'autre.

L'enfant craintif peut avoir du mal à investir l'espace de la piste graphique. La main sécurisante de l'enseignant guidant ses premiers tracés d'un geste vif d'un bout à l'autre de la piste ou un bandeau sur ses yeux pour rompre la frontière entre intériorisation et extériorisation du geste peuvent aider l'enfant à franchir le pas. Un retour au jeu de foulards sur d'autres chorégraphies peut également l'aider à prendre de l'assurance.

Réinvestissement dans l'espace de la feuille

Lorsque les boucles produites sur la piste graphique sont correctement rythmées et que les gommettes et images sont correctement disposées sur les pages en réinvestissement de l'apprentissage de la gestion statique de l'espace (*cf.* chapitre 5), les premières boucles peuvent être tracées sur papier.

Elles le seront de façon ludique. Ce sera par exemple les fils de vieux téléphones qui se déroulent en boucles de gauche à droite. Les enfants placeront les images des téléphones à gauche d'une page sans repère matérialisé et les fils iront jusqu'au bord droit de la page où les enfants auront collé les combinés sans repère non plus. La préparation à la gestion statique de l'espace leur ayant donné les compétences pour aller droit.

Les boucles pourront faire l'objet de « graphismes décoratifs » qui deviendront alors des activités préparatoires à l'écriture : par exemple l'enfant pourra encadrer de boucles de belles couleurs un dessin ou une image, la feuille étant tournée pour chaque côté du cadre de telle sorte que les boucles se déroulent toujours dans le sens appris.

Jamais, même en graphisme décoratif, il ne sera demandé à l'enfant de tracer des boucles à l'envers avant qu'il ne maîtrise l'écriture, tant il est évident que si l'on veut éviter qu'un enfant fasse quelque chose (en l'occurrence tourner les boucles à l'envers), il vaut mieux ne pas lui apprendre à le faire. Les boucles à l'envers pourront décorer les graphismes plus tard lorsque le sens de l'écriture sera solidement acquis. Cela n'empêche pas que l'enfant puisse en dessiner de lui-même dans ses dessins libres, le dessin libre ayant pour particularité, comme son nom l'indique, de ne pas être codifié (*cf.* Comptine pour apprendre à écrire : « Je dessine » page 125).

Tout exercice de systématisation dépourvu de sens sera, comme toujours, évité. Les « lignes de boucles » seront rares : ce n'est pas un « entraînement à faire des boucles » mais une prise de conscience des acquis avant réinvestissement dans l'écriture. Il est vain de proposer à l'enfant de refaire des lignes de boucles si les premières sont ratées : le ratage signifie que la préparation a été insuffisante. C'est donc la préparation qu'il faut revoir (en s'assurant de tous ses registres : tenue du stylo, position de la main, gestion statique de l'espace etc.) et non la réalisation des boucles sur papier.

Différenciation des dimensions

Pendant que, par encodage kinesthésique renforcé par un encodage visuel et étayé par un support auditif et une charge affective, la gestion dynamique de l'espace graphique prépare l'enfant à la formation des boucles, la gestion statique le prépare à leur mise en place (*cf.* chapitres 2 et 5). En conséquence, de suite après les premières réalisations de boucles, l'enfant est prêt à en différencier les dimensions sur plan vertical puis sur papier. Comme en gestion statique de l'espace graphique, on veillera à éviter plus de deux grandes boucles consécutives : l'investissement de la zone des hampes par trois lettres de suite correspond peu à l'orthographe française qui ne comporte que peu de mots utilisant plus de deux hampes bouclées consécutives (ex. « siffler ») ; en revanche, des quantités de mots comportent plusieurs lettres basses consécutives (ex. « maman », « maison », « chanson », « eau » qui ne comporte pour sa part que des lettres basses formées de boucles ou dérivées de la boucle).

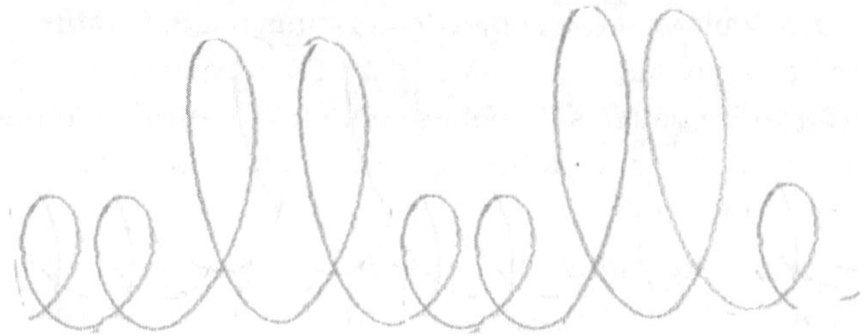

Boucles de dimension différenciées : la proportion entre les grandes boucles et les petites correspond à celle de l'écriture.

Cela est valable tant pour l'écriture québécoise que pour l'écriture en usage en France, à la différence près que les boucles de l'écriture québécoise sont légèrement plus petites que celles de l'écriture de France.

La différenciation des dimensions peut également être introduite dans les chorégraphies de jeux de foulards ou de rubans.

Les premiers écrits

Tandis que jusqu'alors les traces sur papier correspondaient exclusivement à la mise en place des composantes spatiales de l'écriture et à l'apprentissage de la tenue et du maniement du crayon, la différenciation des dimensions donne accès à l'écriture porteuse de sens.

Dans la séquence graphique *eelleell* on peut découper la séquence *le* constituée d'une grande boucle « qui forme une lettre qui s'appelle "l" » et d'une petite boucle « qui forme une lettre qui s'appelle "e" ». Le tout forme le mot « le » qui peut être mis en situation pour désigner des objets en s'opposant à « la ».

Le choix entre l'écriture de « le » et le collage d'une vignette portant le mot « la » – également écrit en cursive – participe de l'acte d'écriture dans les deux sens du terme : le geste d'écriture et la production d'un écrit pour lequel on a réfléchi (quand il s'agit de compléter la désignation d'un objet dont le nom est écrit sous le dessin de cet objet facilement identifiable par l'enfant). La nécessité de trouver où peut s'écrire le mot « le » procède d'une opération intellectuelle de réflexion et non d'un choix affectif ; la réflexion est accrue si on prend soin de ne pas placer sur la page le même nombre d'images d'objets féminins lorsqu'on renouvelle l'exercice. L'enfant y apprend aussi qu'il existe des solutions de contournement en attendant de savoir faire, ce qui à la fois le rassure (il n'est pas obligé de faire ce qu'il ne sait pas faire) et lui offre une perspective (bientôt il saura faire).

L'entrée dans l'écrit s'opère donc ainsi par conscientisation, la forme de la lettre et sa disposition émergeant d'un ensemble de compétences acquises préalablement. La réussite des opérations préparatoires assure la réussite de l'écriture. En conséquence l'écriture n'a besoin ni de lignage ni de repère, la gestion de l'espace étant intégrée y compris le repérage gauche/droite qui assure le bon emplacement du mot « le » à gauche du nom de l'objet. (*cf. Les cahiers d'écriture maternelle – 2 – Les formes de base*, pages 8 et 9).

L'écriture des lettres « l » et « e » isolées n'offre pas d'intérêt sauf pour les opposer l'une à l'autre. En revanche faire repérer ces lettres dans un mot en assure la discrimination visuelle.

Dans la séquence graphique *ellell*, on peut ensuite découper la séquence *elle* et en expliquer la formation (une petite boucle « qui forme une lettre qui s'appelle "e", « une grande boucle etc. ») en veillant à **ne pas confondre d'une part la forme et la lettre** – qui en l'occurrence s'agissant de « e » et « l » ont un aspect analogue – **d'autre part le nom et le son des lettres**. De même que « le » s'oppose à « la », « elle » peut être mis en situation en s'opposant à « il » que l'enfant collera, sous forme de vignette, à gauche des phrases qui expliquent ce que fait un personnage masculin (*cf. Les cahiers d'écriture maternelle – 2 – Les formes de base*, pages 10 et 11). Ne pas confondre non plus « les formes de base », accessibles par la gestion dynamique de l'espace graphique, et « les unités minimales », concepts donnant accès aux formes de base (*cf.* chapitre 6 page 88).

On comprendra que faire recopier *le* devant *ballon* sous les mots *le ballon* légendant une image de ballon et *le* devant *camion* sous les mots *le camion* légendant une image de camion est une simple activité de copie et non de l'écriture au sens où nous l'entendons : il n'y est proposé à l'enfant ni d'appliquer sa réflexion au choix du mot *le* (qui s'opposerait à *la*) ni de faire appel à sa mémoire pour l'écrire, deux conditions indispensables pour que cet écrit-là soit porteur de sens.

On nous rétorquera peut-être qu'en page 16 du cahier 2, *Les formes de base*, nous demandons à l'enfant de recopier la légende. Ce serait avoir mal saisi notre propos : il s'agit dans ce cas de recopier de courtes phrases dont l'écriture aura été préparée non seulement par les activités préparatoires mentionnées sur la page mais aussi par un travail de groupe sur la façon d'écrire ces phrases à partir des connaissances acquises jusqu'ici. À ce stade, l'enfant est capable d'accéder par sa réflexion à l'écriture de chacune de ces phrases. À notre avis, cet accès à l'écriture (à l'acte d'écriture dans sa triple composante 1 – réflexion sur ce qu'on va écrire, 2 – choix des lettres nécessaires, 3 – activité graphique d'écriture de ce qui a été décidé) jette déjà les bases de la lecture et s'inscrit bien dans le cadre d'une écriture porteuse de sens dès l'écriture de

« elle » qui, s'opposant à « il », donne une orientation spécifique à la phrase. C'est « elle » qui écrit et non pas « lui ».

L'habileté à produire des boucles peut être consolidée par tout type de dessins intégrant cette forme, pourvu qu'elles y aient les caractéristiques spatiales qu'elles ont dans l'écriture. Les activités graphiques qui utilisent d'autres proportions ou un autre sens de déroulement seront soigneusement évitées pendant la période de mise en place de la boucle dans l'écriture.

La coupe

Le choix du nom

Si le nom de « pont à l'envers », donné traditionnellement à la coupe, est évocateur pour désigner un tracé qui a effectivement la forme d'un pont retourné (1 on voit mentalement un pont, 2 on retourne mentalement le pont), il présente deux inconvénients. Le premier est qu'il présuppose la connaissance du pont (ce qui est contraire à la logique de la progression que nous proposons). Le deuxième est qu'il prive l'enfant d'une référence au geste de la coupe issu de celui de la boucle.

En conséquence, sans intention puriste, mais uniquement pour permettre une conceptualisation de la forme comme produit d'un geste et en inscrire ainsi l'apprentissage dans la gestion dynamique de l'espace graphique, nous préférerons aux mots « pont à l'envers » celui de « coupe ». Une coupe est un vase ou un récipient auquel sa fonction de réceptacle impose une forme creuse. Si, à proprement parler, cette image n'évoque pas un geste (les termes de « rond » ou de « pont » non plus), elle ne fait cependant pas obstacle à la perception du geste constitutif du tracé.

L'intérêt de sa position au sein de la progression

À ce stade de l'apprentissage, le point d'attaque et le sens de rotation de la coupe sont déjà intégrés puisqu'elle est un dérivé de la boucle. La fluidité et la spécificité du geste peuvent être travaillées en motricité par des jeux de rubans et de foulards. L'encodage kinesthésique de la coupe peut aussi s'intégrer à tous les gestes associés aux mouvements de balançoires lorsqu'elles montent très haut. On veillera toutefois à ce que le bras ne monte pas plus haut que la tête et que le geste reste naturel.

La coupe gagnera à être comparée à la boucle tant en motricité qu'en production sur piste verticale (c'est une double boucle qui avance comme la boucle mais qui redescend sans tourner).

On peut imaginer un jeu où les enfants devront deviner la forme réalisée par un de leur camarade avec un foulard ou un ruban : une petite boucle, une grande boucle, une petite coupe, une grande coupe. Soit ils la nommeront, soit ils la reproduiront sur un papier et sur une ardoise quand ils l'auront identifiée.

Une fois cette forme acquise dans l'espace et sur piste verticale, l'habileté à la réaliser peut être consolidée à plusieurs propos à la condition que ses caractéristiques spatiales soient préservées : on dessine le vase à pieds évasés où maman mettra ses fleurs, les filets du pêcheur, le dragon chinois qu'on tracera en deux temps, d'abord le ventre, ensuite le dos après avoir tourné la feuille etc.

Le vase à pieds évasés où maman mettra ses fleurs, le filet du pêcheur, le dragon chinois – tracé en deux temps, d'abord le ventre, ensuite le dos après avoir tourné la feuille – sont autant d'occasion d'utiliser la coupe dans des activités de préparation à l'écriture une fois la forme connue.

On pourra en outre demander aux enfants de dessiner des fleurs dans le vase, de colorier les habits du pêcheur, d'inventer une tête effrayante au dragon.

La coupe dans l'écriture

La coupe donne accès à deux lettres : une coupe complète « forme une lettre qui s'appelle "u" », une demi coupe « forme la lettre i lorsqu'on lui rajoute un point ». La différenciation de la dimension de la coupe introduit la lettre t qui nécessite l'ajout d'une barre. Comme pour la grande boucle, et pour la même raison, on ne fera pas deux grandes coupes consécutives.

Comme pour la grande boucle et pour la même raison on ne fera pas deux grandes coupes consécutives.

Le ductus de l'écriture – c'est-à-dire le sens de déroulement et l'ordre d'exécution des lettres en cours de production – conduit l'écriture sans interruption du début à la fin de la séquence graphique *ullu*. Cela montre que le point précis de l'attaque de la coupe, tout comme celui de la boucle, a peu d'importance pourvu qu'il se situe vers le bas de la zone médiane. Il peut être juste sur la ligne ou un peu plus haut. Quoi qu'il en soit, la coupe ne s'attaque pas d'en haut. Cela signifierait soit que la lettre qui précède la coupe dans un mot se termine en haut de la zone médiane autrement dit au niveau du 1er interligne sur papier ligné, soit que le geste s'arrête avant le tracé de la coupe, ce qui ralentirait considérablement l'écriture.

Un autre effet du continuum du geste est d'habituer l'enfant à aller jusqu'au bout du mot et à revenir placer les points, les accents et les barres de t. Cela évite les reprises disgracieuses et oblige à une relecture bénéfique à la mémorisation de l'orthographe du mot.

La possibilité d'associer boucles et coupes augmente sensiblement l'étendue du vocabulaire. Tous les mots composés de *e*, *l*, *u*, *i* et *t* peuvent être écrits, ce qui donne accès à de courtes phrases qui peuvent illustrer un dessin :

ulul ulul ellelle

Association de boucles et de coupes.

elle lit   il tète   elle lutte   titi lit

Quelques phrases produites avec des boucles et des coupes – En attendant qu'il sache les faire, l'enfant est autorisé à ne pas mettre de majuscules – Par comparaison implicite des paires minimales[2] (/le/, /li/, /lu/), (/tè/, /te/, /ti/), (/le/, /te/),(/ti/, /li/) ... et des inversions (/il/, /li/), le principe de la combinatoire peut se mettre en place sans que soit négligée pour autant la perception de la complexité de la lecture (par exemple « lit » se lit /li/).

L'écriture québécoise

Dans l'écriture québécoise, la différenciation de dimension des coupes et des boucles doit tenir compte que, a contrario de l'écriture en usage en France, les hampes bouclées (l, b etc.) et les hampes bâtonnées (d, t) sont

2. On appelle paire minimale un couple d'unités qui ne se distinguent que par un seul élément : exemple « le » et « la » ou « le » et « te ».

de même hauteur, intermédiaire entre les grandes boucles et les grandes coupes de l'écriture française, ce qui contribue à donner un aspect plus arrondi à l'écriture québécoise.

L'apprentissage implicite des prémices de la lecture

Dès la maîtrise des cinq lettres simples réalisables à partir de la première forme de base (la boucle : e, l) et de sa première dérivée (la coupe : i, u, t) l'enfant est déjà de plain pied dans le monde de l'écrit, c'est-à-dire avec réflexion sur chacune des composantes de l'acte d'écriture et accès à la lecture, ainsi que nous l'avons expliqué en page 102.

Du fait du nombre limité de lettres qu'il connaît et de mots qu'il peut écrire, l'attention de l'enfant peut être attirée par le principe des paires minimales /le/, /li/, /la/ – qu'il ne sait pas écrire mais qu'il sait identifier –, /lu/ – si un travail phonologique sur les syllabes lui a appris à décomposer oralement les mots (*cf.* sur l'illustration ci-dessus le mot « lutte »). De même il pourra rapprocher implicitement /te/ de /ti/, /tè/ ou /tu/ mais encore /il/ de /li/ – ce qui lui montre l'importance de l'ordre des lettres écrites. Il pourra ainsi prendre conscience de la complexité de l'orthographe et de la lecture avec les deux t de « lutte », le t final de « lit » ou encore le mot « et », inversion graphique de « te » mais sans rapport phonétique. (Pour l'écriture du prénom voir page 152.)

Dès les premiers exercices, le choix des mots a son importance pour que cette mise en place implicite de la combinatoire ne verse pas dans le mécanisme stérile. Placer sur une même page comme nous l'avons fait « la table », « le tableau », « le banc » et « la chaise » d'une classe symbolique (page 8 du cahier 2 déjà cité) ou légender un dessin par la phrase « Elle lit, il écoute, elle colle l'étoile » (page 21) n'est pas anodin (*cf.* aussi page 103). Dans le premier cas, si l'enfant repère la combinatoire lorsqu'il écrit « le » et colle « la » en bonne place et s'il entend /i/ succéder à /l/ lorsqu'il désigne le lit dont le dessin figure sur la même page, il peut aussi commencer à s'apercevoir que le son /a/ de « la » est bien présent dans /tabl/ mais qu'il est absent de /bã/, /ʃez/ et /tablo/ alors qu'il y voit la lettre écrite. Dans le deuxième cas, sur les trois o qu'il écrit aucun ne se prononce /o/, même pas celui de « colle ».

La fréquence, dans le langage, des mots familiers accessibles avec ces quelques lettres (le, il, elle, lui, et, te, tu) offre un départ, certes très modique mais réel, à la mémorisation de l'écriture de mots simples auxquels pourront s'ajouter d'autres mots plus complexes dans un répertoire dans lequel l'enfant pourra commencer à puiser pour écrire des phrases.

Parmi les mots courts que l'enfant écrira sans effort et sera susceptible de lire à la fin de son apprentissage des lettres simples, les plus fréquents[3] représentent généralement ± 25 % des mots d'un texte. Peu à peu, guidé par un travail phonologique et langagier mené en parallèle, il pourra aussi composer d'autres mots à partir des syllabes des mots de son répertoire. L'essentiel étant qu'il saisisse que l'écriture n'est pas un dessin et que la lecture est autre chose qu'une simple oralisation de l'écrit, ceci afin de ne pas freiner sa compréhension et se bloquer ensuite dans le systématisme des automatismes qui, entre autres, exclurait la prise en compte du contexte.

Que l'apprentissage de la lecture ne fasse pas partie du programme de l'école maternelle laisse à l'enfant la possibilité d'entrer à son rythme, par imprégnation, dans le principe de la combinatoire et d'encoder à son rythme des mots simples ou plus complexes. L'apprentissage de la lecture au CP en sera facilité.

En effet, comme le souligne Liliane Sprenger-Charolles, Directeur de recherche au CNRS, « *c'est la maîtrise progressive des capacités d'identification des mots écrits qui va permettre à l'enfant d'atteindre un niveau de compréhension écrite égal à celui de sa compréhension orale, en le dégageant du poids d'un décodage lent et laborieux* ».

Une recherche sur la lecture menée sous sa direction auprès de 60 enfants francophones de 9 écoles différentes pendant plusieurs années, du début de grande section de maternelle – époque où ils étaient non lecteurs – au CM1, semble confirmer notre point de vue : à l'issue de cette recherche l'hypothèse que les enfants devaient en premier avoir recours à la procédure sublexicale, c'est-à-dire à une procédure par médiation phonologique, a été retenue.

Autrement dit, au début de l'apprentissage de la lecture et de l'écriture, le recours à une procédure *qui s'appuie sur* des unités qui n'ont pas de sens (lettres ou suites de lettres qui transcrivent les phonèmes) est privilégié par l'enfant par opposition à une procédure lexicale (procédure orthographique) qui s'appuie sur des unités qui ont un sens. Cette procédure sublexicale s'automatise progressivement et nous pensons personnellement que l'acte d'écriture tel que nous le proposons est un moyen privilégié de faire le lien entre l'aptitude à tracer des lettres, la capacité de donner un sens à l'écrit et la mise en place des prémices de la lecture.

3. La reconnaissance automatique des mots le, la, là, elle, il, et, ce, cette, ici, celle-ci, celui-ci, celle-là, celui-là, ou, où, a, à, au, de, du, un, une, en, ne, lui, te, ta, tu, dès les débuts de l'entrée dans l'écriture permettra par la suite à l'enfant d'avancer plus rapidement la lecture pour se consacrer à la compréhension de mots plus complexes.

L'entraînement conjoint des habiletés de traitement phonémique intentionnel et de la connaissance des correspondances entre graphèmes et phonèmes a des effets positifs sur l'apprentissage de la lecture. Par delà ce constat, nous ne saurions trop insister toutefois sur le fait qu'il s'agit bien d'obtenir que l'enfant **choisisse** le(s) mot(s) à écrire et **se le(s) dise intentionnellement mentalement** (*cf.* pages 102 et 103) – et non qu'il en recopie le dessin. L'automatisme d'identification des mots se mettant ainsi progressivement en place, l'enfant pourra consacrer son attention à la compréhension du texte, celui-ci étant chaque fois différent. C'est en gardant présent à l'esprit ce nécessaire accès à la compréhension du texte que sera utilisé par exemple le cahier 3 – *L'écriture courante* qui propose des exercices à trous pour compléter des phrases préparées par un travail langagier laissé au libre choix de l'enseignant dans le cadre du thème qu'elles illustrent.

Le rond

La réalisation du rond

Le rond, deuxième forme dérivée de la boucle, pose le problème de son point d'attaque. Il n'est abordé qu'une fois la coupe réussie, elle-même n'étant apprise qu'une fois la boucle réussie.

Le rond bénéficie donc de toutes les compétences déjà acquises et de l'aptitude récente de l'enfant à observer l'écriture et à avoir une appréciation critique sur sa propre production, de même que la possibilité de verbaliser son tracé si cela lui est demandé.

L'apprentissage du rond fermé peut être fait soit par le biais du c, ce qui facilite la mémorisation du point d'attaque, soit directement, le c venant ensuite.

S'agissant d'enfants d'école maternelle, nous donnons la préférence à l'apprentissage prioritaire du c qui peut être introduit de façon ludique par conscientisation à partir de dessins simples, par exemple des coquilles d'œufs d'où sortent des poussins : la maîtresse (ou l'enfant) dessine le bord cassé de la coquille et la tête du poussin qui sort sur la droite. L'enfant dessine ensuite la coquille sur la gauche en partant du bord supérieur et en appliquant la consigne : « La coquille doit être assez ronde pour que le poussin puisse tenir dedans[4] ». Une fois la forme réussie, l'enseignant peut alors introduire la lettre « c » « qui a la forme arrondie de la coquille d'œuf », puis, à partir de là, l'ensemble des lettres rondes.

4. *Cf. Les cahiers d'écriture maternelle – cahier 2*, page 18.

Celles-ci se font sur le même principe d'attaque en haut à droite, qu'il s'agisse de « partir de la lettre c en forme de coquille d'œuf » ou de commencer par la lettre o comme on peut le faire de la façon suivante pour les plus grands :

On trace une croix en précisant pour l'horizontale : « Ce n'est pas la ligne qui servira pour écrire. Celle-ci sert seulement à apprendre à tracer les lettres rondes ». On part du croisement, on tourne en haut à gauche – « dans le même sens que la boucle » – on fait un rond « en dépassant un petit peu en haut et beaucoup en bas » et on revient au point de départ sans dépasser sur la droite. Illustration 1 ci-dessous.

Si on fait un petit trait concave qui sort du rond dans l'angle supérieur droit de la croix on a écrit o. Illustration 2. Si, arrivé en haut, on redescend et on tourne en bas vers la droite comme pour la coupe, on a écrit a. Illustration 3. Si au lieu de redescendre de suite comme pour le a, on monte un peu plus et qu'on redescende ensuite, on a écrit d. Illustration 4.

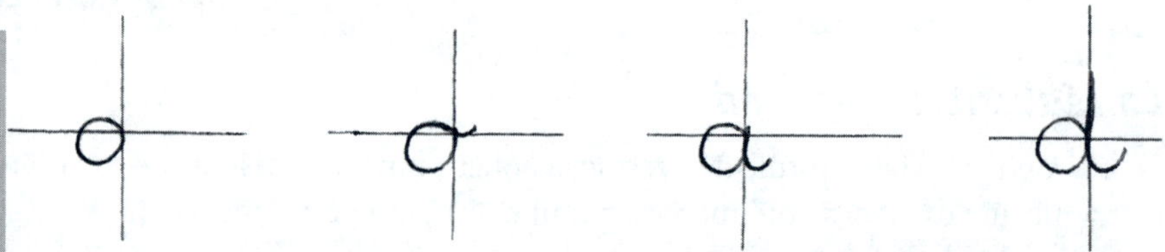

1 2 3 4

1. Apprentissage du rond : on part du croisement on tourne en haut à gauche et on fait un rond « en dépassant un petit peu en haut et beaucoup en bas », « mais en ne dépassant pas sur la droite » – **2.** Apprentissage du *o*. – **3.** Apprentissage du *a*. – **4.** Apprentissage du *d*.

Les œilletons à l'intérieur des oves seront évités afin de ne pas induire plus tard une confusion entre o et a. Toutefois une toute petite boucle pour enchaîner le trait final des o à l'ove peut être tolérée si elle correspond au geste spontané de l'enfant, à la condition qu'elle reste à peine perceptible, à la différence des oeilletons qui occupent un tiers de l'ove et transforment très vite le o en a quand le rythme de l'écriture s'accélère. Illustration 5.

5 6 7

Variantes du *o* : **5.** Commencé à gauche avec œilleton (complication inesthétique avec risque de confusion ultérieure avec la lettre *a*) – **6.** Commencé à droite avec œilleton – **7.** Commencé à droite sans œilleton.

L'envie de s'exercer à ces tracés pour savoir écrire bientôt – sans recours à l'enseignant ni aux étiquettes – est une motivation forte qui autorise à ce stade, et provisoirement, les systématisations. On peut donc convenir que sur une ligne on fera des o, sur l'autre on fera des a, et sur une troisième on fera des d à partir des croix décrites ci-dessus. On peut aussi couper la page en quatre : dans une partie on fera l'exercice initial : « le rond qui n'est pas une lettre », mais qui sert à en former, et la lettre c ; chacune des trois autres parties sera consacrée à s'exercer à l'une des trois autres lettres.

Le rond dans l'écriture

Une fois ces exercices réussis, le champ des possibilités d'écriture est considérablement élargi. Tous les mots comportant e, l, u, i, t, c, o, a, d peuvent être copiés par l'enfant, la lettre c faisant partie des lettres rondes simples quelle que soit la chronologie de son apprentissage. Si la gamme de phonèmes dont la transcription est accessible à partir des seuls e, l, u, i, t est réduite et correspond souvent aux graphèmes, celle des phonèmes dont la transcription est désormais accessible se démultiplie avec la possibilité d'écrire ai, ei, eu, ou, au, eau, oi.

Avec l'introduction des ronds, un changement est apporté à la structure des séquences graphiques. Jusqu'ici chaque mot écrit correspond à une unité graphique, c'est-à-dire à un seul geste qui forme le tracé du début à la fin du mot ; les formes spécifiques annexes (points, accents et barres de t) sont placées après coup. Le lieu de l'attaque du rond brise l'unité du geste car il rend impossible sa liaison à la lettre précédente[5]. Le mot contenant une lettre ronde est donc coupé en deux unités de geste graphique : une avant la lettre ronde, une à partir de la lettre ronde. Le geste s'arrête avant cette lettre « comme la voiture s'arrête au feu rouge » pourra dire la maîtresse aux enfants, ce à quoi elle pourra ajouter « on peut en profiter pour faire descendre les passagers. Les *passagers* ce sont les barres de t, les points sur les i et les accents ; on peut les mettre dès qu'on est arrêté par une lettre ronde ». Cette image – que nous rappelons au chapitre 10 – a l'avantage de fixer l'habitude de repérer les points, barres et accents afin de ne pas les oublier mais aussi de revoir le mot à chaque arrêt du geste, la consigne complémentaire étant : « lorsque tu es arrivé au bout du mot, n'oublie pas de regarder s'il y a encore des passagers à faire descendre ». On peut aussi concevoir que « les passagers descendent au terminus ».

5. Sauf après b et v qui seront vus en fin de grande section. L'habitude d'écrire peut conduire plus tard à une bonne habileté graphique qui rend possible la liaison du o avec la lettre qui précède par ovalisation du o et décalage vers le haut de l'attaque de son ove. Cette liaison ne s'enseigne pas, elle s'acquiert par compétence personnelle.

L'expression de la pensée

L'introduction du rond augmente le champ lexical qui s'offre à l'écriture, donc les possibilités d'activités langagières en direction des activités d'écriture. Nous nous attarderons tout particulièrement sur deux mots composés de lettres issues de la boucle, de la coupe et du rond : « celle-ci » et « celui-ci ».

Ces deux mots offrent l'avantage de faire désigner le même objet par son nom (par exemple « un ballon »), le nom de sa catégorie (« un jouet ») ou le démonstratif (« celui-ci »), la différence de genre entre le nom de l'objet et celui de sa catégorie (par exemple « une voiture » « un jouet ») rendant plus complexe le choix du démonstratif (*cf. Les cahiers d'écriture maternelle – Les formes de base*, page 19).

Jusqu'ici l'écriture cursive de l'enfant consistait à compléter une désignation ou recopier la légende d'une illustration. Ces deux mots introduisent une autre fonction de l'écrit : l'expression de la pensée. Il s'agit d'écrire sous un objet celui qu'on préfère parmi un certain nombre dessinés sur une même page. Là aussi les débuts sont quantitativement limités, mais la modestie de l'activité n'en restreint pas l'efficacité et peut même asseoir plus solidement la réflexion : il s'agit bien de désigner *son* choix et non d'écrire un mot de façon aléatoire, de la même façon qu'écrire « le » et « elle » au bon emplacement (*cf.* pages 102 et 103) est autre chose que d'écrire une ligne de lettres ou de mots.

Le pont

En grande section, les enfants connaissent l'existence des m et des n même s'ils ne savent pas les nommer : ils connaissent le mot « maman ». L'habileté graphique acquise avec les tracés précédents favorise les nouveaux apprentissages. Selon le principe de la gestion dynamique de l'espace graphique, les ponts seront appris en geste continu comme les boucles et les coupes : les suites de cannes adossées les unes aux autres n'entrent pas dans le cadre de notre méthode car elles forment de courtes unités motrices contrariant la fluidité du geste. Les ponts finis droit sur la ligne n'entrent dans le cadre de notre méthode que si le dernier est suivi d'une boucle ou d'une amorce de boucle. De la même façon, les ponts attaqués droit sur la ligne en début de séquence n'entrent pas dans le cadre de notre méthode.

Ce nouveau geste créant la forme du pont sera introduit dans les chorégraphies de jeux de foulards ou de rubans en veillant à ce qu'il soit régulièrement suivi d'une boucle tous les deux ou trois ponts. (*cf.* page 86). Une fois découvertes les premières lettres issues du pont, on pourra exercer l'enfant à ce nouveau geste en lui proposant de dessiner le saut de différents animaux : le kangourou, les grenouilles, les sauterelles, les puces[6]…, ou de réaliser des graphismes décoratifs, les compétences acquises jusqu'ici ayant déjà donné à son geste graphique la fluidité nécessaire. On profite ainsi de la frange commune aux activités de préparation à l'écriture et de dessin ou de graphisme en leur assignant à ce stade de l'apprentissage une fonction d'activités préparatoires à l'écriture, termes sous lesquels nous préférons les considérer afin d'ancrer cette chronologie dans la pratique (*cf.* page 19).

Le pont réalisé dans l'espace et sur papier pourra être réinvesti sur piste verticale sous forme d'une boucle suivie de trois ponts puis d'une nouvelle boucle. Un renforcement de l'image mentale par verbalisation fluide – c'est-à-dire non syncopée – et rapide est susceptible de faciliter la fluidité du geste : « et hop et un deux trois et je tourne » avec prolongement du 2e « et ». L'image mentale du pont tracé sur papier aidera à éviter l'étalement en début et en fin de lettre. En aucun cas la verbalisation ne sera lente : il ne s'agit pas de fixer un « dessin de ponts » mais, bien au contraire, de donner de l'élan au processus.

Aux deux lettres simples en forme de pont (m et n), nous suggérons d'ajouter de suite la lettre p, plus complexe, mais qui donne accès au mot « papa » sensiblement à la même période où l'enfant écrit « maman ». Cette possibilité existe aussi bien dans l'écriture québécoise que dans l'écriture en usage en France puisque le p québécois remplace le pont français par une boucle à l'envers, dérivée du pont. Une difficulté complémentaire toutefois : l'exécution du jambage.

L'accès à l'écriture par le geste (jeux de foulards ou de rubans) empêche l'enfant de s'enfermer dans des schémas rigides et lui facilite l'aménagement des liaisons entre les lettres au fil de la copie. Ainsi, la modulation de la hauteur de la liaison en fonction des lettres à lier se fait spontanément. Par exemple, « oe », « ou » et « on » ne sont pas liés à la même hauteur : la hauteur dépend de la lettre qui suit le o ; dans le cas de « on » elle participe déjà du pont du n.

Les liaisons entre les lettres s'adaptent aux lettres concernées : « ***œ*** » se lient sensiblement au milieu de l'interligne, « ***ou*** » presqu'en haut en un geste concave qui amorce le tracé du ***u***, « ***on*** » en haut de l'interligne, la liaison étant déjà la première arcade du ***n***.

Une fois connues les lettres constituées de ponts, on pourra envisager de reprendre le jeu de devinette des lettres formées par les foulards. On pourra éventuellement lui ajouter de faire deviner des mots entiers connus dont les enfants devront d'abord déchiffrer les lettres une à une.

6. *Cf.* comptines pages 125 à 126.

Les jambages

Le jambage est une forme secondaire, bouclée ou bâtonnée, associée soit à un rond comme dans q et g, soit à une ébauche de coupe comme dans p et j, soit à un pont suivi d'une coupe ou soit à une coupe presqu'entière comme dans y selon la forme qu'on lui donne. Il gagne à être travaillé au foulard ou au ruban et sur piste verticale en commençant par le jambage bâtonné de la lettre p et le jambage bouclé de la lettre j qui sont précédés l'un et l'autre d'une attaque en boucle et descendent bas tout droit au lieu de rester sur la ligne.

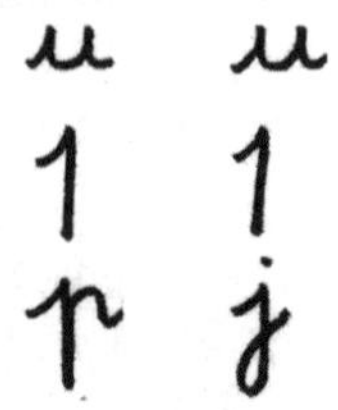

Cette technique limite les risques de faire de tout petits jambages comme on le voit très souvent, ou des jambages tordus, ou encore des jambages à l'attaque arrondie comme incitent à le faire les boucles à l'envers des fiches de graphisme. L'enfant s'entraînera à différencier le j *qui remonte en boucle en sens horaire* du p français *qui remonte en trait couvrant et se termine par un pont* (le p québécois se terminant pour sa part par un rond à l'envers).

Le métalangage

À partir de cet enseignement, l'enfant peut entrer dans l'apprentissage de l'écriture en allant à la découverte des unités de code (les lettres) par l'observation des unités d'écriture (les unités minimales ; les formes de base et leurs dérivés) puisqu'il sera doté d'un métalangage pour les nommer, donc pour les désigner, donc pour les voir.

Savoir catégoriser et produire volontairement les unités d'écriture permet à l'enfant de capter les indices nécessaires à l'identification des lettres.

L'écriture arabe

La forme de base ـ correspondant à ش س ل ن ث ت ب et ي peut être encodée par le jeu de hockey qui consiste à pousser un palet selon des consignes analogues au jeu de croquet de telle sorte que l'enfant pousse le palet de la droite vers la gauche.

De la même façon que pour l'écriture romaine, un renforcement peut se faire par le mime (on peut prendre appui sur la même comptine) et peut donner lieu à des variations de dimension en hauteur mais aussi en largeur.

ٮٮ	لٮلٮ	ٮٮٮٮ
بتث		
ن	ل	ش س

Dès l'apprentissage de la 1re forme de base avec un simple étirement des finales en largeur et avant même la différenciation des dimensions en hauteur et en largeur, l'enfant a accès à l'écriture de courtes phrases. Par exemple بنيت بيت

On gagnera donc à faire travailler des séquences graphiques comme بنيتبنيت بنيتبنيت ou نتثنتث نتثنتث ou encore لنلبنلنب لنلبنلنب avec différenciation des dimensions en hauteur, لسبلشبلسبا لسبلشبلسبا avec différenciation des dimensions en hauteur et en largeur. L'enfant pourra ensuite réinvestir ces séquences dans des mots à mettre en situation بيت, بنت , ليث , باب etc. Il pourra par exemple écrire بنيت بيت الليث

La remontée des jambages à l'intérieur des mots peut également être préparée par un travail sur une piste verticale sur laquelle le tracé est nivelé à hauteur de la ligne par empêchement par une baguette de bois ou de plastique fixée sur la piste.

La descente sous la ligne de certaines lettres en fin de mot dans cette première série peut s'apprendre également de la même façon par systématisme du geste donnant accès aux mots terminés par ن, ل, س, ش. Ces finales pourront ensuite être réinvesties dans ض ص ق une fois appris le tracé initial de ces lettres.

Un systématisme analogue à base de jeux ou d'activités diverses (tourner des manivelles, la pâte du gâteau...) puis d'enchaînements sur papier قفقفقف صضظطصضظط peut s'envisager pour ـهـ servant à former ف ق و (sachant qu'il faudra veiller à la bonne compréhension de و qui n'existe qu'en finale de séquence graphique) et pour صـ servant à former ص ض ط ظ, (*cf.* tableau page 93).

)UR UNE BONNE MISE EN PRATIQUE

LA BOUCLE

☺ À FAIRE

☺ Travailler le point d'attaque et le sens de rotation des boucles dès la petite section.
☺ Utiliser le travail du geste aussi bien pour le calibrage et l'espacement des boucles que pour leur création-même.
☺ Attendre que le geste de boucle soit correctement rythmé pour réinvestir sur plan vertical.
☺ Attendre que les boucles sur plan vertical soient correctement rythmées pour réinvestir en activité graphique sur table.
☺ Travailler la gestion statique et la gestion dynamique de l'espace en concomitance.
☺ Travailler la différenciation des dimensions en gestion statique de l'espace.
☺ Travailler la différenciation des dimensions sur plan vertical en gestion dynamique de l'espace.
☺ Conserver la spontanéité du geste dans la différenciation des dimensions.

☹ À NE PAS FAIRE

☹ Confondre gestion dynamique de l'espace et déplacement de l'enfant.
☹ Demander des productions de boucles sur papier tant que la gestion dynamique de l'espace graphique n'est pas en place.
☹ Demander des productions de boucles sur papier tant que la gestion statique de l'espace graphique n'est pas réussie.
☹ Tracer des lignes pour assurer la verticalité.
☹ Insister verbalement sur les différences de dimension (« une toute petite boucle », « une grande boucle »).
☹ Accéder directement à la différenciation des dimensions des boucles sur papier.
☹ Passer à la différenciation des dimensions des boucles sur papier tant qu'elle n'est pas acquise dans un geste souple sur plan vertical.
☹ Retomber dans le piège du « dessin des lettres ».

😐 IL VAUT MIEUX

😐 Diversifier les ancrages mnésiques du point d'attaque et du sens de rotation des boucles.
😐 Apprendre aux enfants à marcher d'un pas régulier avant le réinvestissement du geste de boucle sur plan vertical.
😐 Proposer différents rythmes de dimension une fois le rythme binaire acquis.

☹ IL VAUT MIEUX ÉVITER

☹ De tracer des modèles sur le papier sur lequel l'enfant travaillera.

SUGGESTIONS

UTILISER LES COMPTINES P. 122 ET SUIVANTES.

Exemple : Mime « Je cours après mon chapeau » (p. 123), ancrage visuel et kinesthésique du mime de l'envol du chapeau, ancrage auditif des hauteurs de son de la musique, ancrage sémantique du texte qui évoque un envol sur trois hauteurs.

POINT D'ATTAQUE DES BOUCLES ET SENS DE ROTATION

- jeu de croquet,
- jeu de cricket,
- geste de balayage en avançant vers la droite,
- roue du loto (bloquée pour ne tourner que dans le bon sens).

ASSURANCE DU GESTE

- jeux de foulards,
- jeux de rubans,
- pâte à crêpes,
- manivelles de toutes sortes :
  - pour remonter l'eau du puits,
  - pour remonter les grilles du magasin, les rideaux,
  - pour faire démarrer les vieilles voitures de collection.

RÉINVESTISSEMENT SUR PLAN VERTICAL

- « la course aux boucles » (les enfants munis d'une craie de couleur se suivent rapidement en faisant chacun une ligne de boucles au tableau ; les boucles se chevauchent ; on observe et commente le résultat final),
- boucles les yeux fermés.

RÉINVESTISSEMENT SUR PAPIER

- illustration des comptines,
- fils du téléphone,
- fumée poussée par le vent,
- pelote de laine qui se dévide.

ATELIER MUSICAL ET RÉINVESTISSEMENTS[1]

- étude des hauteurs de sons,
- réinvestissement en gestion dynamique de l'espace sur plan vertical,
- réinvestissement en gestion statique de l'espace sur papier sur table par collage de gommettes,
- réinvestissement du tout sur papier sur table par tracé de boucles correspondant aux hauteurs de son.

GRAPHISME DÉCORATIF

Encadrement de dessins au moyen de boucles de dimensions diversifiées.

---

1. *Cf.* CD des comptines pour apprendre à écrire. Danièle Dumont CDDP 2003.

La coupe

☺ À faire

☺ Travail du geste des coupes.
☺ Suites de coupes enchaînées sur plan vertical.
☺ Réinvestissement sur papier.
☺ Réinvestissement en productions graphiques diversifiées.
☺ Écrire le mot en entier puis placer les points sur les ***i*** et les barres des ***t***.

☹ À ne pas faire

☹ Décomposer la forme des lettres.
☹ Accéder directement aux lettres ***i***, ***u***, ***t*** sans passer par le travail du geste.
☹ Placer les points et les barres de ***t*** dès que la lettre a été tracée.
☹ Faire écrire des lignes de lettres.
☹ Faire tracer des coupes de plus de deux dimensions différentes.

😐 Il vaut mieux

😐 Commencer par des coupes de même dimension (préfigurant ***i*** et ***u***).
😐 Passer ensuite à des combinaisons de deux dimensions (préfigurant ***i***, ***u*** et ***t***).

SUGGESTIONS

Conscientisation du nouveau tracé et galbe du geste

mime des comptines.

Activités graphiques

– la chenille : l'enfant trace une suite de coupes en discontinu, il tourne sa feuille la tête en bas et recommence en ajustant les nouvelles coupes sur les pointes des précédentes ; il retourne, ajoute les pattes et un œil ;
– le dragon chinois (même principe) ;
– le collier déposé (même principe, les perles sont alignées à l'horizontale ; elles sont un peu plus hautes que larges).

Application des nouveaux acquis

• légendes de dessins ou compléments de légendes – les mots manquants figurant sur des vignettes à coller :
lili, ***lulu***, ***titi***, ***il***, ***elle***, ***lui***, ***il lit***, ***elle lit***, ***il lutte***, ***elle lutte***, ***elle tète***, ***il tète***, ***il lie***, ***elle lie***, (+ toutes les combinaisons possibles de ces verbes avec ***titi***, ***lili***, ***lulu***), ***elle luit***, ***il luit***, ***l'île***, ***le lit***, ***télé***, ***tuile***, ***tulle***, ***tielle***, ***le tilleul***, ***têtu***, ***utile***, ***l'été***, ***et***, ***le lieu***, ***l'étui***, ***élu***, ***te***.
• intégration dans des textes en atelier d'écriture.

Le rond

☺ À faire

☺ Travailler le point d'attaque des lettres rondes.
☺ Au passage du rond à la lettre, expliquer les règles de conduite de l'écriture.

☹ À ne pas faire

☹ Placer un trait d'attaque devant les lettres rondes.
☹ Tracer de gros œilletons dans les lettres rondes.
☹ Attaquer les lettres rondes à gauche.
☹ Proposer des ronds de dimensions différentes sur une même page lorsqu'il s'agit de préparation au tracé des lettres.

😐 Il vaut mieux

😐 Pour le passage à la trace écrite, commencer par travailler les ronds incomplets (forme du c) ; cela facilite l'apprentissage du point d'attaque.

SUGGESTIONS

Galbe du geste

mime des comptines.

Point d'attaque

- à partir de ronds incomplets :
  - queue des tasses,
  - poussins qui sortent de l'œuf,
  - soleil partiellement caché par un nuage,
  - tarte entamée,
  - sifflets.
- à partir de ronds complets :
  - collier de perles,
  - guirlande de boules de Noël,
  - petits pois dans la gousse suspendue,
  - verres des lunettes.

Application des nouveaux acquis

- listes de mots nouveaux à intégrer en légende ou dans un texte :

  – prénoms : ***léa, adéle, odile, loïc, luc, élodie, lucie, luce, lucette,***
  – noms : ***clé, toit, étoile, ciel, lac, îlot, coteau, dalle, allée, toile, col, laitue, ail, datte, lait, eau, alcool, cacao, délice, diète, loto, coude, cou, cil, côte, côté, talc, otite, clou, colle, cale, cadeau, lot, code, oie, alouette, tatou, aile, écaille, idée, écu, éclat, doudou, dodo, couette, date, collecte, auto, allié, adulte, adieu, accueil, acacia, tata, local, lacet,***
  – adjectifs : ***acide, acidulé, douce, douillet, tiède, chaud, cuit, dodu, idéal, doué, docile, délicat, déçu, décidé,***
  – verbes (uniquement à la 3e personne du singulier + la 1re pour les verbes du 1er groupe): ***clouer, coller, coudre, découdre, lacer, cuire, touiller, tâter, diluer, écailler, couler, écouler, éclater, dilater, délier, caler, décaler, accueillir, dire, écouter, dicter, étudier, tailler, décider, devoir, aider, coûter, adoucir, calculer, atteler, avoir***
  – onomatopées : ***toc-toc, tic-tac, clic, clac, clic-clac, cui-cui, tut, couac***
  – divers : ***de, du, la, a, à, là, ça, ceci, cela, celle, celui, celle-ci, celui-ci, ici, oui, coucou, tout, toute, toi.***

Le pont

☺ À faire

☺ Travail du geste des ponts.
☺ Suites de ponts enchaînés sur plan vertical.
☺ Une boucle après le dernier pont.
☺ Réinvestissement sur papier.
☺ Réinvestissement en productions graphiques diversifiées.

☹ À ne pas faire

☹ Accoler des demi-ponts les uns aux autres en levant le crayon entre chaque demi-pont.
☹ Terminer le dernier pont droit sur la ligne en apprentissage du geste.
☹ Terminer le dernier pont droit sur la ligne en production graphique (que ce soit sur piste verticale ou sur table, sauf s'il s'agit de reproduire un dessin préparatoire du pont).
☹ Proposer des ponts de dimensions différentes sur une même page.
☹ Faire écrire des lignes de lettres.

😐 Il vaut mieux

😐 Faire tracer des ponts sur piste verticale avant de passer sur papier.

SUGGESTIONS

Galbe du geste

– mime des comptines,
– réinvestissement sur plan vertical du mime des comptines.

Réinvestissement graphique

– la chenille (la partie inférieure du corps de la chenille est une suite de coupes, la partie supérieure une suite de ponts),
– le dragon chinois (idem),
– le collier déposé (idem),
– les sauts de la puce, de la grenouille, de la sauterelle…
– les œufs dans leur boîte,
– les petits sabots de l'éléphant,
– les fruits sur la tarte.

Application des acquis

Bien que le ***p*** comporte un jambage, l'introduire dès la réussite des ***m*** et ***n*** car il est facile à réaliser à partir de cet acquis.
Le geste du pont introduisant directement ***m***, ***n*** et ***h***, la liste des mots nouveaux s'allonge considérablement. Nous ne donnons donc pas de liste.

COMPTINES POUR APPRENDRE À ÉCRIRE

LA BOUCLE

Les mimes de ces comptines font appel au geste de base de l'écriture le plus répandu : la boucle. Ce geste pourra ensuite être réinvesti sur piste verticale, l'enfant se déplaçant le long de la piste, puis sur table, l'enfant reproduisant les tracés sur papier uni.

Sur le perron
Gaston
Balaie les feuilles d'automne.
Il en a poussé des tonnes.
Il en a fait un gros tas.
Mais voilà
Oh la la !
Le vent est passé par là !
Elles se sont toutes envolées.
Il faudra recommencer !

J'ai fait le tour des étoiles
Avec mon bateau à voiles
Et j'ai rempli mon panier
De rayons dorés.

Je cours après mon chapeau
Je ne peux pas l'attraper.
Je cours après mon chapeau
Le vent l'a fait s'envoler.
Il vole haut, très haut, trop haut !
Je cours après mon chapeau...

Sur une feuille
Un écureuil
Surfe dans le vent
Du printemps.
Sur une feuille
Un écureuil
S'envole au vent.

La coupe

Première forme dérivée de la boucle, la coupe peut être introduite dans le mime de ces comptines. Le geste pourra ensuite être réinvesti sur piste verticale (l'enfant se déplaçant le long de la piste) puis sur table (l'enfant reproduisant les tracés sur papier uni).

Une demoiselle
Fait de la balancelle.
Un petit homme noir
Fait de la balançoire.
Une fillette
Fait de l'escarpolette.
Et moi, dans mon fauteuil d'osier
Je les regarde se balancer.

Trois petites araignées
Se balancent sur un fil
Trois petites araignées
Se balancent au grenier.

Sur le fil de l'araignée
La luciole se balance
Et les enfants du quartier
Regardent la lumière qui danse,
Les yeux tout émerveillés.

Bleu, blanc, rouge
La corde se balance.
Bleu, blanc, rouge
Pour faire sauter Laurence,
Yacine et Anthony
Lydia et la p'tite Charlie
Et Nausicaa aussi.

Le rond

Deuxième forme dérivée de la boucle, le rond se rencontre dans de nombreux contextes familiers aux enfants.

Rondin, picotin
Je ferai la ronde jusqu'à demain
Avec mon cousin, avec mon voisin
Avec Sébastien et avec Firmin
Et avec toi si tu le veux
Tu peux entrer dans notre jeu.

Une galette, une tartelette
Pour la fête à Odette.
- Un spaghetti, un confetti
Pour la fête à Sophie.
- Mais non, voyons !
Une galette aussi.

Je tourne
Je tourne
La mayonnaise.
Lorsque j'aurai bien tourné
La mayonnaise sera montée.

Je dessine
Une tête
Un soleil
Le manège de la fête
Une tarte à la groseille
Et je tourne dans le sens que je veux
Mais pas les c, o, a et d.

LE PONT

Le pont, dernier geste essentiel de la formation des lettres, diffère des précédents par le sens de rotation (*cf.* page 92). Il n'en participe pas moins à la gestion dynamique de l'espace graphique. Il pourra, comme les trois premiers, être réinvesti sur piste verticale – l'enfant se déplaçant le long de la piste – puis sur table.

Une puce saute
Dans les poils du chat.
Et le chat tressaute
Ça le gratte là.
Une puce saute
Dans les poils du chien.
Et le chien sursaute
Il dormait si bien.

Le kangourou
Fait le fou
Il saute partout.
Sur la voiture du fermier
Sur la branche du pommier
Sur la tête de Didier
Et il a tout renversé.
Quel chantier !

Quatre sauterelles
Jouent à saute-mouton
Quatre sauterelles
Jouent dans le gazon.
Attention si tu le tonds !

- Un arc-en-ciel
Fait un pont
Là-bas à l'horizon.
deux arcs-en-ciel
Font deux ponts
Là-bas à l'horizon.
Trois arcs-en-ciel
Font trois ponts
Là-bas à l'horizon.
- Dis Suzon,
Arrête ta chanson !

Des lettres simples à l'ensemble de l'alphabet

8

Une fois maîtrisées les formes de base de l'écriture et leurs dérivées, l'enfant est en mesure d'écrire des textes comportant - mais ne comportant que – des lettres à configuration simple : e, l, u, i, t, c, o, a, d, m, n, c'est-à-dire des lettres composées exclusivement de ces formes-là et des formes spécifiques annexes (ponts, accents et barres) qui, par définition, ne font pas partie du corps de la lettre mais lui sont un ajout indispensable.

Les lettres bouclées

b, f, h, k, l

b, f, h, k sont constituées de la même boucle que l jusqu'à leur arrivée sur la ligne : même point d'attaque, même hauteur, même largeur, même forme. Sauf pour les f qui ne tournent pas sur la ligne, la souplesse du geste courbe légèrement le plein et autorise une vivacité qui donne à l'écriture sa fluidité. A contrario, toujours sauf pour les f dont le plein est plus long, un plein rectiligne (« dos bien droit » selon la formule consacrée) impose un passage au ralenti au sommet de la hampe et rigidifie l'ensemble du tracé. Nous lui préférons personnellement le plein courbe à la condition qu'il ne gonfle pas les boucles à l'excès.

l revêt la forme d'une boucle « à l'état pur ». Les lettres b, f, k, h comportent d'autres particularités qui sont propres à chacune d'elles ou qu'elles partagent avec d'autres lettres notamment les œilletons en ce qui concerne b et f.

e

À la différence des cinq autres lettres bouclées, la lettre e se limite à la zone médiane. Une cassure entre le trait d'attaque et la boucle proprement dite se rencontre sur certains modèles. Elle se justifie dans l'écriture cursive *imprimée* qui, par nature, conserve rigoureusement les mêmes caractéristiques pour chaque e. Chaque e y est donc « attaché » sans modification à la lettre qui précède : la finale de la lettre précédente n'est pas modifiée non plus, l'ajustement se fait grâce à la cassure. À l'inverse, l'écriture manuscrite autorise une souplesse qui relie sans discontinu les finales et les attaques des lettres au fil de l'écrit de telle sorte qu'il est bien difficile de voir où finit l'une et où commence l'autre sauf à gauche d'une lettre ronde. La cassure sur le e ne s'y justifie pas et ralentit le geste (*cf.* chapitre 10 « Les règles de conduite de l'écriture »).

1 

2 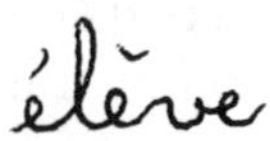

Une boucle de e cassée est freinée dans son élan.

1. e tracé en deux temps ; la vitesse est ralentie par les phénomènes d'accélération et de décélération et par l'arrêt bref mais nécessaire au changement de direction.

2. e tracé d'un seul geste, pas de ralentissement.

Les œilletons

b, o, v, w

La ligne de base est le lieu de prédilection de la progression de la boucle et de la coupe (*cf.* page 83). Lorsque la lettre se termine en haut de la zone médiane comme c'est le cas de b, o, v et w, la progression est moins aisée pour passer du corps de la lettre à la finale qui assure la liaison avec la lettre suivante. Elle occasionne un œilleton, c'est-à-dire une boucle minuscule (illustration 2), ou une simple angulation du tracé (illustration 1) étrécissement maximum de l'œilleton.

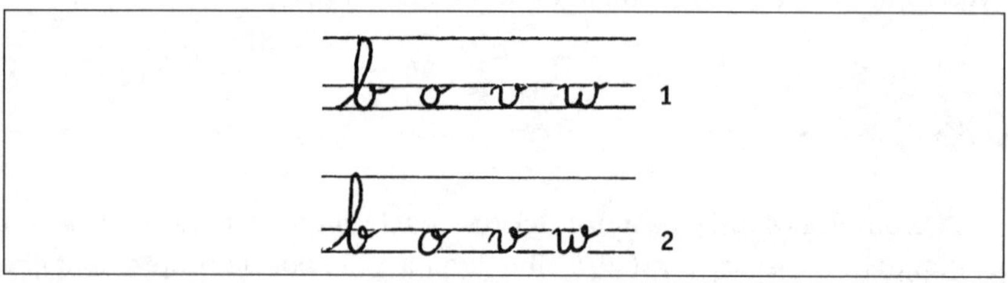

1. Lettres sans œilleton.

2. Lettres avec œilleton.

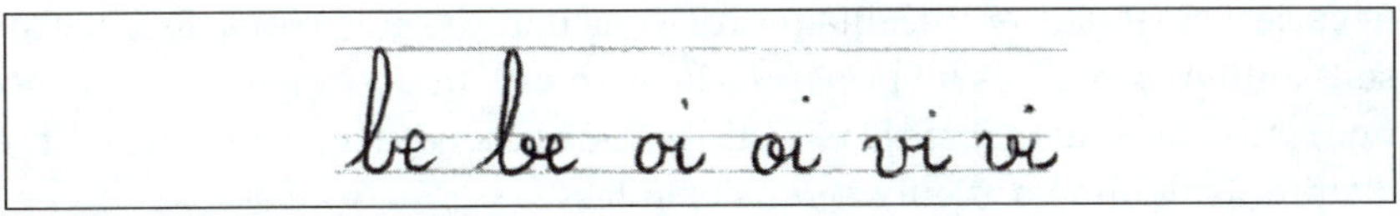

Lorsque l'accentuation de la dimension des œilletons renvoie le tracé vers le milieu, l'écriture reste lisible ; plus bas, la lisibilité est compromise.

Trop agrandi, l'œilleton peut créer des confusions : s'il renvoie la finale vers le bas, b risque d'être confondu avec le et o avec a. De même, lorsqu'il est trop gros, l'œilleton déforme les v et w et gêne leur lisibilité. Chez l'enfant, l'apparition ponctuelle d'une boucle alors qu'elle est absente du modèle ne pose pas de problème spécifique – un modèle étant fait pour être respecté dans l'esprit et non stricto sensu. En revanche, nous avons constaté que la présence d'un petit œilleton sur le modèle incite souvent l'enfant à en tracer un gros. Afin d'éviter les confusions ou les malformations, nous suggérons donc de préférer l'angulation simple à l'œilleton pour la réalisation des modèles.

Si la configuration du v oblige à un équilibre de son attaque et de sa finale et les contraint à rester à la même hauteur, celle du b n'appelle pas les mêmes obligations. Cela laisse une marge de manœuvre pour la hauteur de la finale mais appelle aussi des interrogations. Doit-elle monter jusqu'en haut de l'interligne ou s'arrêter au milieu ? La réponse varie selon la lettre qui suit. bi, bu, bl et by laissent le choix de la hauteur de la finale du b. En revanche, elle gagne à être haute pour ba et bo car, avec l'habitude, elle permet ainsi un enchaînement sans lever le crayon. Avant e, la finale du b peut ne pas monter trop haut afin de faciliter le positionnement du e. De même avant r. Toutefois, le problème de l'enchaînement br réside surtout dans la succession de deux œilletons ou angulations (fin du b et début du r). Le problème peut être résolu par une liaison plus concave entre les deux lettres ou, pour les moins habiles, par un arrêt du b avant le haut de l'interligne.

r, s, z

Alors qu'il se situe entre le corps et la finale des lettres de sens horaire terminées en haut de la zone médiane (b, o, v, w), l'œilleton se situe entre l'attaque et le corps des lettres de sens antihoraire (r, s, z). Il s'agit en fait de la façon de négocier le passage entre l'attaque, de sens horaire, et le corps de la lettre, de sens antihoraire. Nous lui préférons là aussi une simple angulation ou encore une courte tige plus sobres et plus discrètes, à la condition, pour cette dernière, d'attirer l'attention de l'enfant sur sa petitesse.

Les gros œilletons sur r et s sont souvent assortis d'une courbure excessive de l'attaque à la façon de l'attaque d'un e plutôt que de celle d'un l et d'une ouverture excessive du s, ce qui les rend disgracieux et gêne la lisibilité.

Œilletons excessifs – **s** trop ouvert

Une double boucle

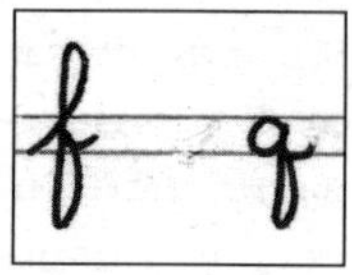

f est la seule lettre en usage en France à avoir un jambage dans le sens antihoraire. S'y ajoute q au Québec.

Comme pour les autres lettres, nous proposons que soit réduit au maximum leur œilleton qui assure sur la ligne la liaison avec la lettre suivante.

Le sens antihoraire du f aussi bien sous la ligne que sur la ligne risque d'arrondir le plein à l'excès. Il demande de l'entraînement avant d'être réussi. Une préparation par des tracés en hélice censés assouplir le geste (hampe bouclée antihoraire, jambage bouclé horaire) entraîne une confusion dans l'esprit de l'enfant : l'enseignant lui apprend à remonter le jambage sur la gauche lorsqu'il s'enchaîne à une hampe, pour ensuite lui demander de le faire sur la droite lorsqu'il s'agit de l'enchaînement de la hampe et du jambage du f. D'une part de mauvaises habitudes s'installent, d'autre part les consignes manquent de cohérence, ce qui n'est jamais favorable à la relation entre l'enfant et l'enseignant.

Les gammes qui peuvent entraîner l'enfant à former le f sont des suites de f et de boucles (fefefe fefefe fefefe).

Les enchaînements de boucles et de coupes

k, h

Repartant en pont à la base de la boucle, l'écriture de la lettre h ne pose pas de problème lorsqu'elle est apprise dans la progression que nous proposons, c'est-à-dire après la série : e, l, u, i, t, c, o, a, d, m, n, p. L'essentiel est de veiller à ce que le pont débute en trait couvrant sur la base de la hampe, ce qui se fait d'un geste naturel lorsque m et n sont tracés correctement puisque c'est le même tracé que leur dernier pont.

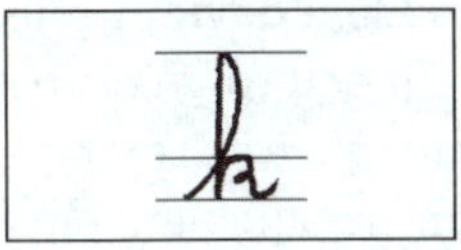

L'œilleton du k, en milieu de zone médiane, est le seul qui soit de sens horaire. Il constitue la seule différence entre k et h. Nous suggérons de réduire l'œilleton du k pour les mêmes raisons de discrétion et de sobriété.

Les enchaînements de ponts et de coupes

v, w, y

Les lettres m et n, usage typique du pont, intègrent en finale la trajectoire antihoraire de la boucle sous peine de ne pouvoir participer de l'écriture. En revanche, si elles commencent elles aussi en pont, les lettres v et w se poursuivent directement en coupe. L'habileté graphique acquise à l'issue de l'apprentissage des lettres simples met la réalisation de ces deux lettres à portée des enfants, sous réserve de résoudre le problème de l'œilleton (*cf.* pages 128 et suivantes). Il n'y a pas lieu de considérer comme une forme spécifique l'enchaînement pont/coupe.

y est constitué de l'enchaînement d'un pont et d'une coupe analogue à v et se termine par un jambage bouclé, forme secondaire que l'enfant a déjà rencontrée dans j. (*Cf.* page 114.)

Avec l'habitude, le pont de l'attaque du y proposé par le modèle calligraphique se transforme souvent en courbe concave. Le choix entre réaliser un pont puis une coupe ou attaquer le y par une amorce de grande boucle (*cf.* illustration page 131) nous semble d'une importance toute relative.

Les lettres arrondies en sens horaire

s

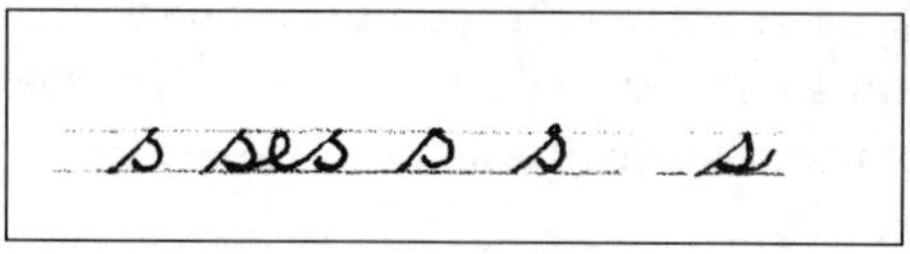

Malgré sa simplicité apparente, s, est une lettre souvent ratée. Dans son application à suivre de près le modèle, l'enfant en amplifie la moindre anomalie : l'œilleton un peu prononcé sur le modèle devient une grosse boucle dans la copie de l'enfant, le trait d'attaque un peu trop courbe est plus ou moins transformé en demi-cercle, une tige trop marquée en remplacement de la boucle devient un grand trait qui surplombe un enroulement plus ou moins réussi. Le s demande donc une attention toute particulière.

Comme les autres « petites lettres » il tient dans un interligne. Son trait d'attaque est nettement incliné. Il est très légèrement concave comme l'amorce d'un l, mais jamais convexe car il risquerait à la longue de transformer le s en σ. Le tracé redescend en sens horaire pour former une sorte de demi-cercle légèrement creusé au départ et dont la finale s'enroule légèrement. Situé en fin de mot il en reste là dans l'écriture en usage en France. Dans le corps d'un mot, le tracé peut repartir en trait couvrant pour s'enchaîner à la lettre suivante. C'est le choix de l'écriture québécoise y compris en fin de mot. S'il s'arrête comme à la fin des mots français, il provoque une coupure inutile.

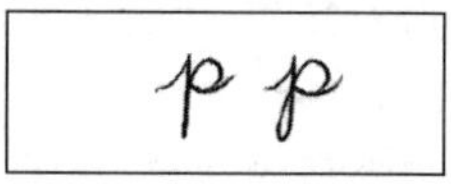

Le rond à l'envers du p de l'écriture québécoise s'enchaîne comme le s à la lettre suivante et dans les mêmes conditions.

x

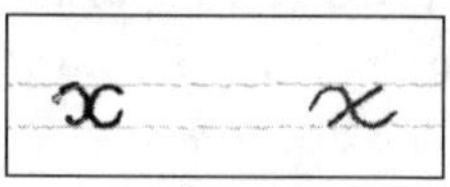

Le x s'enroule sur toute la hauteur de l'interligne. Une fois en sens horaire, une fois en sens antihoraire. C'est la seule lettre séparée en deux tracés en France. Comme pour tout détail de la formation des lettres, il ne nous semble d'aucun intérêt de faire faire des lignes de demi-cercles à l'envers pour la préparer.

Au Québec, la formation du x se fait dans la continuité du fil de l'écriture donc soit en enchaînant les deux ronds par un trait couvrant, soit en deux temps, la barre étant rajoutée après coup comme la barre de t (*cf.* illustration page 132).

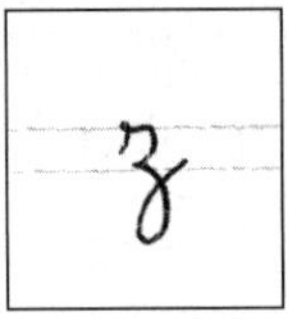

C'est la seule lettre dont le jambage soit entièrement courbe. Grâce à l'habileté graphique acquise au préalable, l'enfant est à même d'aborder cette lettre sans difficultés majeures si on prend soin de lui montrer ce qui l'oppose au jambage des j, g et y appris au préalable.

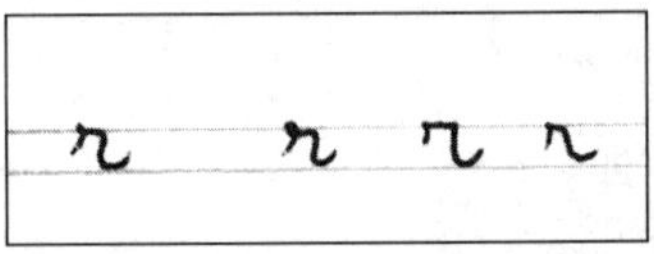

r commence par un trait d'attaque en amorce de grande boucle moins incliné que celui de s. Il se poursuit en pont. Le passage du geste de la boucle à celui du pont se fait par un œilleton ou une tige. La finale est en amorce de boucle dès l'arrivée du pont sur la ligne.

L'adulte apporte d'autres variantes encore à la forme de cette lettre, surtout en ce qui concerne le plateau. Certains en prononcent la concavité, d'autres le font très droit, ce qui a pour effet d'obliger à un angle, une deuxième boucle ou une tige en haut à droite. D'autres encore réduisent le r à une sorte de i, ce qui ne peut être accepté dans le modèle calligraphique. Le pont est parfois aplati en plateau sur le dessus.

Variantes

Outre des variations d'une époque à l'autre ou d'un pays à l'autre (*cf.* pages 88 et suivantes), des variantes sont donc possibles pour une même lettre (courbure plus ou moins prononcée des pleins des hampes, présence d'œilletons, de tiges, ou de simples angulations, hauteur de la boucle du b, forme du r, dimension des t et d). S'il est sage et même nécessaire que l'enseignant se fixe un modèle unique qu'il propose à tous les enfants de la classe, il nous semble utile qu'il accepte les variantes utilisées par les enfants venant d'autres classes dans la mesure où elles restent cohérentes.

Ensemble des lettres minuscules

Écriture en usage en France

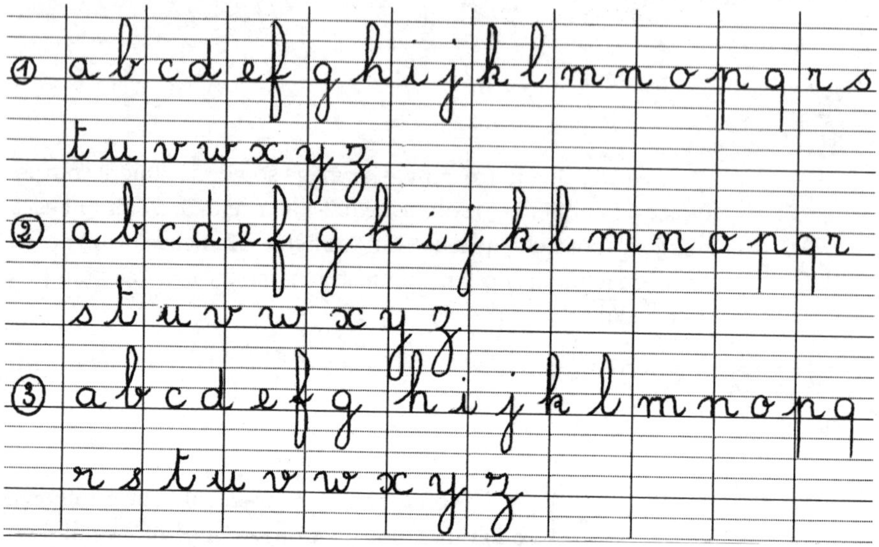

1. Hampes et jambages bâtonnés courts – Absence d'œilletons.
2. Hampes et jambages bâtonnés longs – Absence d'œilletons.
3. Hampes et jambages bâtonnés courts – Présence d'œilletons.

Écriture québécoise

Lettres québécoises de forme différente des lettres françaises

Lecture des caractères typographiques

Les minuscules typographiques s'analysent selon les mêmes unités que l'écriture cursive. En conséquence, outre l'entrée dans la combinatoire exposée page 107, l'apprentissage de l'écriture tel que nous le proposons est une aide à la reconnaissance des lettres d'imprimerie[1].

1. Cf. *L'entrée dans l'écrit par un apprentissage structuré du geste d'écriture. Comment un métalangage concernant l'écriture est une aide à l'entrée dans la lecture.* Danièle Dumont, SCEREN octobre 2007, http://www.bienlire.education.fr/04-media/a-metalangage.asp

9

Les majuscules

Le statut de majuscule

Introduisant les phrases et les noms propres, les majuscules occupent une place privilégiée. Leur nom-même, emprunté au latin *majusculus* qui signifie « un peu plus grand », souligne leur importance. On comprend que la tentation puisse être grande d'accentuer leur mise en valeur par des enroulements, des fioritures à l'instar de leur usage à titre ornemental chez les Grecs et les Romains.

Toutefois, le plaisir de produire de belles formes relève de l'art de la calligraphie ; l'écriture, quant à elle est plus directement concernée par le plaisir de communiquer. Si l'un n'exclut pas l'autre, l'important est de ne pas se tromper de priorité. L'enlisement dans la production de formes sans doute esthétiques mais compliquées de volutes diverses ferait courir le risque de perdre de vue l'objectif : « communiquer un message » et non « donner son écriture à voir ».

La calligraphie

L'imitation de lettrines de documents anciens dans les activités d'art plastique peut être l'occasion de faire la différence entre les activités de calligraphie qui sont du domaine de l'art et celles de l'écriture qui ont une autre fonction. Si la différence est évidente en ce qui concerne les majuscules, elle peut échapper en ce qui concerne les minuscules. L'enseignant peut être tenté de donner aux exercices de calligraphie un objectif de préparation à l'écriture, ce qui aurait pour conséquence des tracés ralentis par les nombreux arrêts qui caractérisent le geste du calligraphe. Sous le prétexte de gagner en présentation, l'écriture y perdrait en efficacité.

Il nous semble donc important de veiller à marquer cette différence en insistant sur la nécessité de lier les lettres et parties de lettres pour écrire (*cf.* chapitre 10) et en montrant que l'écriture cursive appelle aussi des qualités de présentation.

Le tracé des majuscules

Efficacité allant de pair avec sobriété, l'écriture actuelle tend à réduire les volutes des majuscules. Il n'en reste pas moins que s'exercer à leur tracé est pour l'enfant un exercice difficile qui requiert au début un effort de concentration, ce qui peut justifier leur apprentissage en fin de cycle 2. En effet si les minuscules sont produites par des mouvements récurrents pratiqués depuis le cycle 1 (*cf.* chapitres 2, 6 et 7), les majuscules ne répondent pas aux mêmes mouvements. Ainsi certaines commencent par des boucles attaquées en haut de la zone des hampes dans un geste descendant alors que les boucles apprises en maternelle débutent en bas de la zone médiane par un geste ascendant (illustration 1, p. 138).

Le tracé qu'elles suivent en zone des hampes est bien différent de celui appris auparavant. Les boucles des C, E, G, L, S sont à peu près aussi larges que hautes alors que les hampes bouclées des minuscules se développent en hauteur sans s'étaler sur la largeur.

Non seulement les attaques en boucles mais pratiquement toutes les attaques des majuscules diffèrent de celles des minuscules et leur tracé n'occupe pas la même zone.

Ce sont des verticales descendantes – que certains commencent par un enroulement – alors qu'aucune minuscule n'est attaquée par un trait vertical : toutes les minuscules débutent en haut de la zone médiane à droite si elles sont rondes, ou en bas à gauche si elles revêtent une autre forme (illustration dernière colonne, p. 138).

Ce sont des arcades simples mais placées en haut de la zone des hampes et non en haut de la zone médiane comme les enfants l'ont appris en maternelle (illustration 3, p. 138).

Ce sont encore des formes spécifiques qui au début relèvent de l'attaque de la boucle puis se poursuivent par une sorte de coupe peu creusée (illustration 4, p. 138).

Trois majuscules (T, X et Z) commencent par un enroulement en sens inverse des aiguilles d'une montre, dont la courbure et la hauteur varient d'une lettre à l'autre (illustration 5, p. 138).

O et Q tournent comme les mêmes lettres en minuscules mais présentent trois variantes par rapport à elles : 1 – elles ne commencent pas sur la même zone (en haut de la zone des hampes pour les majuscules, en haut de la zone médiane pour les minuscules), 2 – elles commencent plus en haut de l'ove, donc moins à droite, 3 – leur finale est enroulée (illustration 6, p. 138).

Seules trois majuscules *A*, *M* et *N* commencent sur le même modèle et dans la même zone que des minuscules : un tracé courbe attaqué en haut à droite de la zone médiane et tournant en sens inverse des aiguilles d'une montre (illustration 7, p. 138).

Essai de systématisation du geste de production des majuscules

Cette observation des points d'attaque des majuscules montre qu'elles peuvent être apprises par séries et préparées par l'étude du geste spécifique à la forme de base de chaque série. Considérées sous cet angle peuvent être groupées *C*, *E*, *G*, *L*, *S* d'une part, *B*, *D*, *F*, *P* et *R* d'autre part ; *A*, *M*, *N* constituent une autre série, de même que *H*, *I*, *J*, *K* et *U*, *V*, *W*, *Y*, puis *O* et *Q*, et enfin les lettres *T*, *X* et *Z* qui commencent par des enroulements analogues sans être identiques. Par l'enroulement de leur deuxième tracé *B*, *F*, *P*, *R* du groupe 2 peuvent être rapprochées du groupe *T*, *X*, *Z* (illustrations 2 et 5, p. 138).

Majuscules et ductus[1] de l'écriture

Une autre particularité différencie les majuscules des minuscules, celle de ne pas se prêter automatiquement à l'enchaînement avec la lettre qui suit. Du fait de l'enroulement ou de l'emplacement de sa finale, la majuscule traditionnelle ne répond pas aux règles d'économie du ductus de l'écriture. Seules les majuscules *G*, *J*, *U* et *Y* du modèle calligraphique traditionnel autorisent un enchaînement direct sur la lettre qui suit (illustration 8a, p. 138).

En limitant le plus possible les enroulements, on peut cependant lier beaucoup plus de majuscules à la lettre qui suit. Ainsi peuvent aussi être liés : *A*, *C*, *E*, *H*, *K*, *L*, *M*, *R*, *T*, *X*, *Z*. (illustration 8b, p. 138).

---

1. *Ductus* : déroulement du tracé.

ATTAQUES DES MAJUSCULES			ATTAQUES DES MINUSCULES
Modèles de base	**Variantes** a. Accentuation des enroulements	**Variantes** b. Évitement des enroulements	
1. Attaques bouclées			Boucles apprises en maternelle
C E G L S	C E G L S	C E G L S	e l
2. Attaques verticales.			
B D F P R	B D F P R	B D F P R	
3. Attaques en ponts.			
U V W Y	U V W Y	U V W Y	n m v w y
4. Attaques similaires à celles de la boucle.			
H I J K	H I J K	H I J K	b e f h i j k l r s t u z
5. Attaques enroulées.			
T X Z	T X Z	T X Z	
6. Majuscules rondes.			
O Q	O Q	O Q	o q
7. Majuscules attaquées en rond.			
A M N	A M N	A M N	c a o

8. Enchaînement direct sur la lettre qui suit.

a Je Yeux Ursule Gérard

b Anatole Clotilde Elise Hélène Kléber Léon Monique René Théodore Xavier Zoé

Le sort des majuscules

La particularité de leur point et de leur angle d'attaque, la complexité et l'aspect inhabituel de leur forme font des majuscules les dernières lettres que l'enfant arrive à écrire avec aisance. Les majuscules calligraphiques sont souvent abandonnées dès le collège au profit de formes plus sobres, notamment de majuscules typographiques ou d'un agencement personnel entre calligraphie et typographie.

Des recherches sur l'écriture de mille enfants de 6 à 14 ans ont conduit l'équipe d'Ajurriaguerra[2] à l'élaboration d'échelles d'évolution de l'écriture en fonction des classes et des âges. Bien qu'elles datent de 1954 et 1960 nous pouvons encore considérer certains de ses résultats[3]. Ils montrent, entre autres, que 91 % des enfants de 6 ans et 82 % des enfants de 7 ans ont du mal à tracer les majuscules correctement. Dès 8 ans, ce pourcentage tombe à 57 % pour se réduire à 34 % à 11 ans.

Grâce à leur sobriété, les majuscules calligraphiques simplifiées et liées proposées en 3e colonne de l'illustration page 138 sont abordables dès la fin de l'apprentissage des lettres simples quelle que soit la classe.

Les majuscules québécoises

Selon les lettres, la différence entre les majuscules calligraphiques québécoises et les majuscules calligraphiques françaises est faible, moyenne ou très marquée.

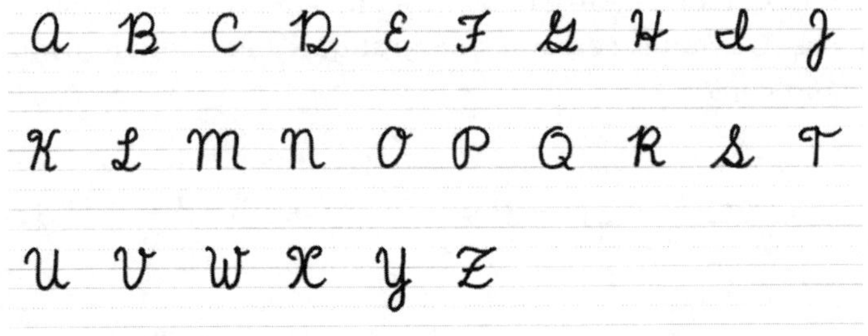

Les majuscules québécoises

2. *Cf.* « *L'écriture de l'enfant* », J. Ajuriaguerra, M. Auzias, A. Denner, Ed. Delachaux et Niestlé. Spécialiste de la psychiatrie de l'enfant, titulaire d'une chaire de neurologie au collège de France, Julian Ajuriaguerra (décédé en 1993) a exercé longtemps à l'hôpital Henri Rousselle à Paris.

3. En revanche, le calcul de l'âge graphomoteur à partir de cette échelle n'a plus aucun sens. Il suffit pour s'en convaincre d'appliquer l'échelle à certaines écritures données en modèle. Pris séparément ou en reconsidérant leur distribution, les items de cette échelle restent néanmoins un guide dans l'analyse fine que nécessite l'évaluation du niveau graphique à la condition de prendre en compte leur raison d'être et leur geste formateur.

10

Les « règles de conduite » de l'écriture

L'enseignement de l'écriture que nous proposons prend directement en compte le fil graphique. Il présente donc les lettres dans le continuum de la chaîne écrite, c'est-à-dire reliées les unes aux autres dans des mots. L'enseignement des enchaînements fait donc partie intégrante de la gestion dynamique de l'espace graphique. Il appelle cependant des observations spécifiques.

Observations d'écritures

Selon les instructions officielles, à l'entrée au CP l'enfant qui a fréquenté l'école maternelle est en mesure de copier une courte phrase. Cela suppose une maîtrise de l'écriture au moins approximative.

L'observation des cahiers de début CP montre que la forme des lettres y est globalement connue. En revanche, en cas de préparation insuffisante le geste est plus ou moins mal assuré et l'espace est généralement mal géré : la difficulté à maintenir une dimension homogène d'une lettre à l'autre ou d'un mot à l'autre et la difficulté à tenir la ligne sont fréquentes dans ce cas. Quelques semaines de pratique viennent en principe à bout de ces handicaps.

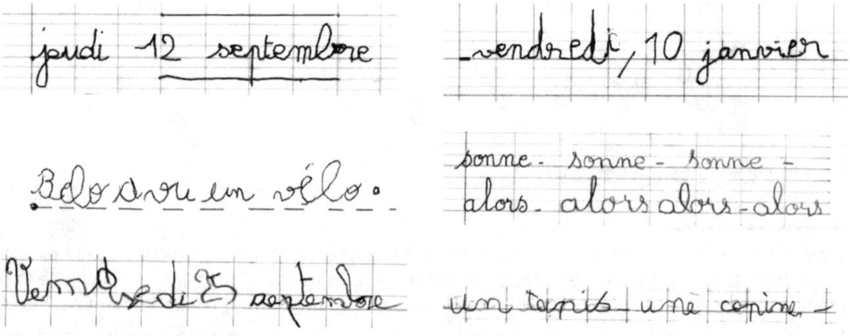

Si la préparation a été incomplète, l'espace est assez souvent mal géré : la difficulté à maintenir une dimension homogène d'une lettre à l'autre ou d'un mot à l'autre et la difficulté à tenir la ligne sont alors fréquentes.

Si les progrès dans la gestion de l'espace sont généralement effectifs en cours d'année, les mauvais ajustements du geste sont plus problématiques. Des reprises mal ajustées laissent voir des raccords inesthétiques (illustration 1). Ces reprises peuvent être cachées par un ralentissement (illustration 2) : l'écriture n'est pas inesthétique, mais elle est lente.

1. Des reprises mal ajustées laissent voir des raccords inesthétiques.

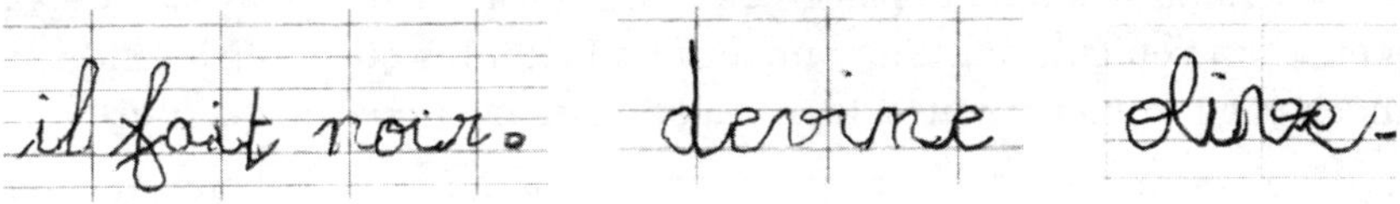

2. Les reprises peuvent être cachées par un ralentissement :

comment voir à l'œil nu que été est plus proche de été que de été (↑ = reprises).

En écrivant dans la marge du cahier « bien écrit, mais que c'est lent ! », le maître signifie sa satisfaction de voir un cahier bien tenu mais aussi son constat que l'enfant ne maîtrise pas encore l'écriture, dans ce sens qu'il n'a pas encore atteint l'habileté requise, ce qui bien souvent est autre chose qu'un simple manque de dextérité. « Bien écrit » renvoie alors à un jugement de valeur sur l'aspect de l'écriture et non à l'évaluation d'une compétence.

Comme la vitesse demandée au cycle 3 n'autorise plus les ajustements laborieux – qui, certes, peuvent donner bon aspect à l'écriture mais qui prennent du temps –, il n'est pas rare que de telles écritures se dégradent au fil des années.

En conséquence, la question est de savoir comment éviter ces raccords inesthétiques et comment donner à l'enfant une écriture suffisamment rapide puisque tel est l'un des objectifs de son apprentissage (voir chapitre 2).

Nous ne traiterons pas ici de la gestion statique de l'espace, le lecteur pourra se reporter aux chapitres 5 pour sa mise en place et 12 pour sa remédiation. Nous ne traiterons pas non plus dans ce chapitre de la gestion dynamique de l'espace graphique c'est à dire de l'impulsion donnée au geste pour produire les formes ou de la forme des lettres, pour lesquelles nous renvoyons le lecteur aux chapitres 6 à 8. Nous nous attacherons à l'observation et à la compréhension du déroulement de la trace graphique, c'est-à-dire du ductus de l'écriture, pour proposer un modèle de tracé rapide et sans les raccords décrits plus haut (appelés reprises ou encore points de soudure selon que l'on se place dans la perspective du geste qui est arrêté et repris en cours de production ou dans celle de la soudure de deux tracés observée dans l'écriture déjà produite).

Réflexions sur la vitesse

La comparaison du déplacement du stylo sur la feuille avec le déplacement d'un véhicule sur une route éclaire bien plus que toute considération théorique les phénomènes de modulation de la vitesse de l'écriture[1].

Une voiture qui démarre pour faire 100 mètres et s'arrêter met sensiblement aussi longtemps pour faire ce trajet que si elle faisait 200 mètres. En effet, entre l'accélération au départ et la décélération à l'arrivée, la vitesse de pointe pour 100 mètres est forcément plus faible que pour 200 mètres : plus le trajet est court moins on a le temps de prendre de la vitesse.

De la même façon, la vitesse de pointe pour tracer un l est plus grande que pour tracer un e. Donc **1.** il ne faut pas plus de temps pour faire un l qu'un e, **2.** allonger ou raccourcir les lettres ne change rien à leur vitesse de production. Le même raisonnement peut être tenu pour a et d qui n'ont pour différence que l'allongement du tracé vertical.

Si un trajet en ville demande plus de temps qu'un trajet de même distance sur autoroute, même en dehors des heures de pointe, il est évident que cela tient surtout aux nombreux arrêts obligés. Il n'échappe à personne que plus on s'arrête sur un trajet, moins on va vite. Chaque arrêt est assorti de décélérations et d'accélérations avant d'atteindre le régime maximum compatible avec la distance parcourue. Pour chacun des segments parcourus, la vitesse de pointe est donc inférieure à la vitesse de pointe d'un déplacement sur une distance équivalente à la somme des segments.

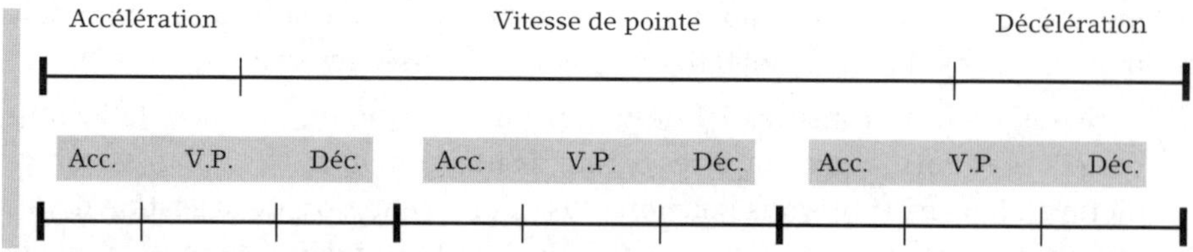

1. Parmi les nombreuses études sur la vitesse de l'écriture citons celles de Binet, celle remarquable de Saudek, *Experiments with handwriting*, Unwin Brothers, 1928, de Guillaume, *La formation des habitudes*, PUF, 1947 (l'éducation motrice) et, plus près de nous Tamar Flash en Israël et Neville Hogan aux États-Unis selon Paolo Viviani Directeur du laboratoire de perception et de cognition de l'Université de Genève.

En conséquence, tout arrêt inutile dans l'écriture en ralentit la vitesse. Donc pour augmenter la vitesse de l'écriture il faut réduire le nombre d'arrêts. Il est alors logique d'envisager d'en supprimer le plus possible.

D'autre part un arrêt suivi d'une reprise dans la même trajectoire bloque moins le geste que s'il est suivi d'un changement de direction. En effet, tout changement de direction arrête le mouvement alors qu'une reprise dans la même trajectoire nécessite seulement de lever le crayon. Un parallèle peut être fait entre la balise de priorité d'une bretelle d'entrée d'autoroute qui en principe demande un simple ralentissement et permet ensuite de repartir sur la même trajectoire et un stop qui impose un arrêt complet au croisement de deux routes.

Donc l'attaque d'un *a* dans la trajectoire de la finale de la lettre qui précède ne demande pas plus d'arrêt du geste que son attaque dès la finale de cette lettre.

L'attaque d'un *a* dans la trajectoire de la lettre qui précède ne demande pas plus d'arrêts du geste que son attaque dès la finale de cette lettre :

1. *a* attaqué en haut à droite dans la trajectoire du *l* : arrêt de la trace sur le papier mais pas d'arrêt du geste jusqu'au point d'attaque ; arrêt du geste au point d'attaque ; arrêt du geste pour former la demi-coupe. Deux arrêts, un lever de stylo.

2. *a* attaqué à la finale du *l* : pas d'arrêt de la trace sur le papier – mais arrêt du geste au point d'attaque de l'ove ; arrêt pour rejoindre le point d'attaque de la demi-coupe ; arrêt du geste pour attaquer la demi-coupe. Trois arrêts, un lever de stylo.

3. *a* attaqué en haut ou à gauche : arrêt de la trace et du geste pour rejoindre le point d'attaque de l'ove ; arrêt pour attaquer l'ove dans l'autre sens ; arrêt du geste et de la trace au point de fermeture de l'ove pour rejoindre le point d'attaque de la demi-coupe ; arrêt pour attaquer la demi-coupe. Quatre arrêts, deux levers de stylo.

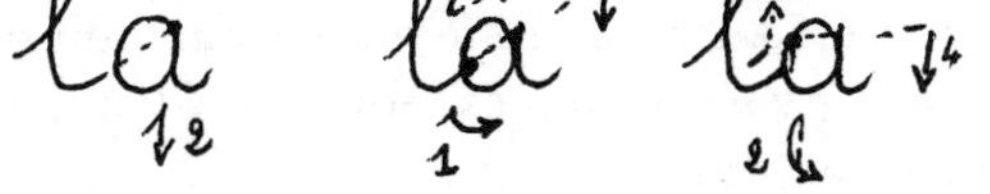

1 2 3

Les lettres rondes

Il s'ensuit que, les lettres à oves (o, a, d, q, g) étant composées de deux parties[2] leur tracé dans un mot provoque :

– deux arrêts du geste si elles sont attaquées en haut à droite dans la trajectoire de la lettre qui précède,

– trois si elles sont attaquées sans lever le stylo à la fin du tracé de la finale de la lettre précédente,

– quatre si elles sont attaquées en haut ou en haut à gauche puisqu'il faut un geste de plus pour rejoindre l'attaque de l'ove à partir de la finale de la lettre précédente. (Illustration page 143.)

Leur tracé en début de mot appelle autant d'arrêts si elles sont précédées d'un trait d'attaque. La suppression du trait d'attaque réduit les arrêts à un et supprime les levers de stylo lorsque l'ove commence en haut à droite. Dans les autres cas elle réduit les arrêts à deux et les levers de stylo à un.

a 

b 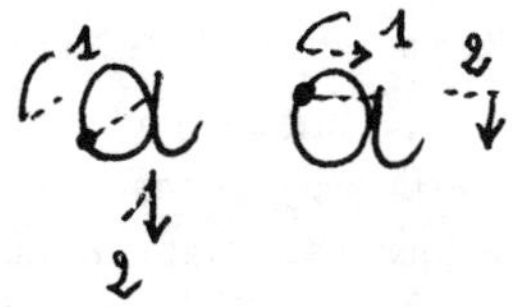

a initial sans trait d'attaque. **1a).** a attaqué en haut à droite : un arrêt, pas de lever de stylo. **2b).** a attaqué ailleurs : deux arrêts, un lever de stylo.
(• = point d'attaque et de fermeture de l'ove.)

En conséquence

1. attaquer une lettre ronde en haut à droite est économique.

2. tracer une lettre ronde nécessite toujours un arrêt préalable du geste.

L'attaque et la finale des autres lettres

L'observation des formes de base de l'écriture montre que l'attaque des autres lettres se fait toujours selon une trajectoire qui va dans le sens de l'écriture, c'est à dire de gauche à droite en partant d'un point de la zone médiane dont la hauteur varie selon les lettres et selon la lettre à laquelle elles s'enchaînent (*cf.* chapitre 6).

2. L'ove et le tracé de liaison à la lettre suivante pour le o, l'ove et la demi-coupe pour le a et le d, l'ove et le jambage pour le q et le g.

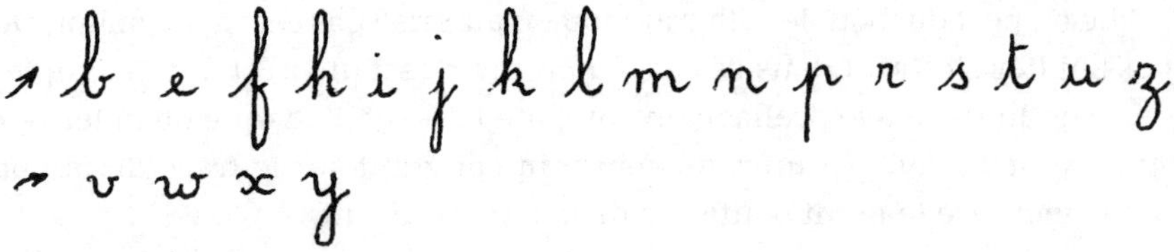

L'attaque des lettres autres que les lettres rondes se fait toujours selon une trajectoire qui va dans le sens de l'écriture.

Pour que deux lettres soient reliées sans arrêt du geste, l'attaque de la deuxième doit être dans la trajectoire de la finale de la première. L'attaque par le haut des lettres u, i et t est donc peu propice à un bon enchaînement dans le modèle calligraphique (*cf.* page 106).

La finale de toutes les lettres québécoises suit la même trajectoire gauche /droite. L'écriture québécoise enchaîne donc toutes les lettres à la suivante sans exception.

Dans l'écriture française deux lettres ne se terminent pas à droite : q qui, se terminant en bas du jambage, ne peut être lié à la lettre suivante et s qui se termine habituellement à gauche et demande un aménagement particulier pour glisser vers la droite.

Deux cas particuliers : q et s

Aménageant son écriture à sa guise, l'adulte peut lier la lettre q en angle ou en vasque à la lettre qui suit ou encore selon le modèle québécois.

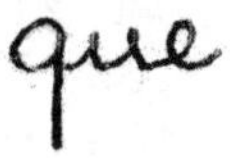

1. liaison scolaire par collage

2. liaison en angle

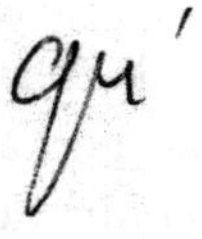

3. liaison en vasque

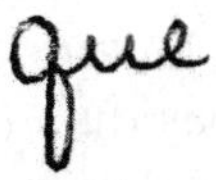

4. q québécois

Le respect du modèle calligraphique n'autorise pas cet agencement. Deux possibilités s'offrent dans ce cas. La première est un arrêt pur et simple du geste et du tracé avec collage en zone médiane de l'attaque de la lettre qui suit. La deuxième est un retour en trait couvrant sur le tracé du jambage pour rejoindre le point d'attaque de la lettre qui suit.

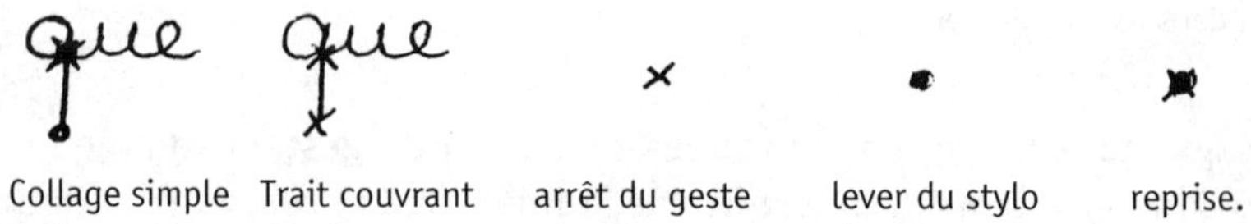

Enchaînement du q à la lettre suivante.

Le nombre d'arrêts du geste est le même dans les deux cas, seul le nombre de levers du stylo change. La première solution offre un temps d'arrêt qui peut être perçu par l'enfant comme un temps de respiration bienvenu (par opposition à l'effort d'une remontée en trait couvrant sur une longue distance, sans possibilité de prendre de l'élan puisque le geste sera arrêté pour le collage).

L'arrêt du s se produisant sur la zone médiane, son cas est différent : un enchaînement est possible avec la lettre qui suit (*cf.* chapitre 8) comme dans l'écriture québécoise. Dans ce cas, le tracé repasse sur lui-même et se poursuit avec la lettre suivante n'occasionnant, pour tout arrêt du geste, que l'arrêt à gauche avant le départ du trait couvrant sans que le stylo soit levé (illustration 1).

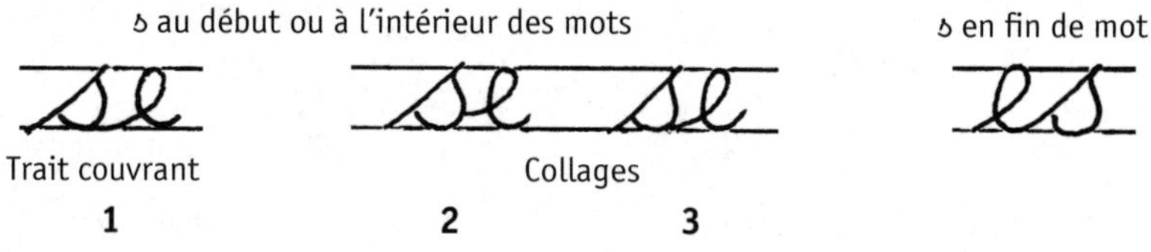

Lorsque le s est arrêté à gauche aussi bien dans son tracé que dans son geste, le tracé reprend à droite par un collage de l'attaque de la lettre suivante. Cette solution implique de lever le stylo et de bien ajuster le collage. Le collage réalisé tout en bas du s (illustration 3) se transforme peu à peu en trait couvrant avec l'habileté graphique. Le collage au milieu (illustration 2) n'offre pas cette possibilité.

L'arrêt dans les lettres : les lettres à ponts

Les lettres à pont appellent un arrêt du geste sur la ligne de base (m, n, h) ou en bas du jambage (p). Il s'agit ensuite de tracer le ou les ponts qui suivent. Le tracé le plus économique est celui du trait couvrant qui n'ajoute ni arrêt du geste complémentaire, ni lever de stylo. Ceux qui ont du mal à ajuster leur geste peuvent procéder par collage : ils lèvent le stylo et reprennent le tracé en haut de la zone médiane dans la trajectoire inverse du jambage comme pour le trait couvrant. Ce procédé peut être utilisé à titre de solution provisoire dans l'attente d'une meilleure habileté (illustration b).

Contrairement au collage expliqué ci-dessus, c'est à dire à la reprise du tracé en haut de la zone médiane sans nouvel arrêt du geste, l'accolement de demi-ponts engendre un arrêt de geste supplémentaire à chaque demi-pont pour faire repartir le geste de la gauche. Cela installe des habitudes graphiques qui rendent difficile l'accès ultérieur au tracé plus économique en trait couvrant.

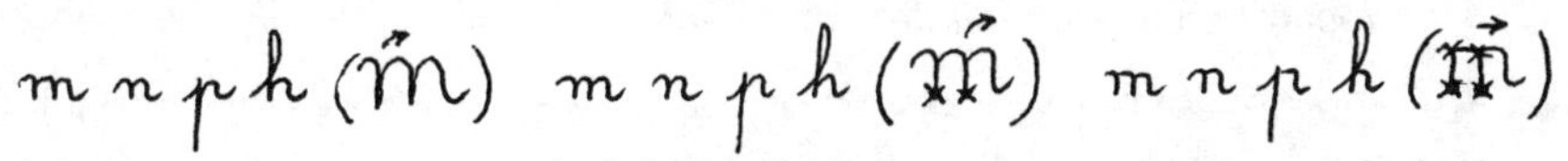

a. Trait couvrant **b.** Solution d'attente **c.** Accolement de demi-ponts le geste est interrompu.

lever de stylo • changement de direction ✗ les deux conjugués ✗

Propositions

En conséquence de toutes ces observations, nous proposons la gestion suivante du ductus de l'écriture :

1. Interruptions du tracé uniquement là où elles sont indispensables, c'est-à-dire devant les lettres rondes, qui seront elles-mêmes tracées sans lever de stylo donc attaquées en haut à droite. Une grande habileté graphique peut conduire à la suppression des interruptions pour les liaisons bo et vo : puisque b et v se terminent en haut de la zone médiane, le point d'attaque du o peut glisser de la droite vers le milieu, l'essentiel étant qu'il ne bascule pas à gauche pour ne pas appeler une grosse boucle de liaison à la lettre suivante.

bol vol *dot lot sot*

bol, vol : pas de lever de stylo ; dot, lot, sot : un lever de stylo.

2. Inscription des points sur les i, accents et barres de t à l'occasion des levers de stylo pour l'attaque des lettres rondes ou après écriture entière du mot en l'absence de lettres rondes. Cette technique présente le triple avantage de limiter le nombre d'arrêts du geste graphique, de supprimer les reprises souvent inesthétiques, d'induire une relecture entière du mot ou une mémorisation des lettres écrites, ce qui facilite l'acquisition de l'orthographe.

Une présentation imagée simple fixe à tout jamais cette règle dans l'esprit de l'enfant :

> On conduit son écriture comme on conduit sa voiture : on ne s'arrête pas au milieu de la route (= au milieu du mot), mais on s'arrête aux feux rouges (= aux lettres rondes). Contrairement à ce qui se passe en voiture, « lorsqu'on est au feu rouge on peut faire descendre ses passagers » (les points sur les i, les barres de t et les accents). S'il n'y a pas ou plus de « feux rouges », on les fait descendre à la fin du parcours (= à la fin du mot). On s'assure qu'il n'y a plus de passagers avant de repartir ou de s'arrêter définitivement.

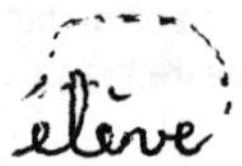

élève : pas de lettre ronde = pas d'arrêt dans le mot, les accents sont placés après écriture complète du mot.

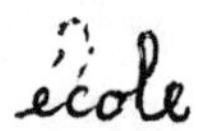

école : deux lettres rondes = deux arrêts dans le mot, l'accent est placé lors de l'arrêt nécessaire à l'attaque du c.

3. Suppression de tous les tracés et détours inutiles. Donc suppression des traits d'attaque devant les lettres rondes. Suppression des cassures interrompant le geste à l'attaque des e (= e apraxiques), c'est à dire formation des e en un seul geste.

Remarque

Au CP, il se peut qu'un enfant ayant une bonne technique graphique écrive lentement pour la seule raison qu'il lui faut le temps de savoir ce qu'il doit écrire. La mémorisation de l'orthographe d'un mot ou son déchiffrement peuvent être laborieux au point que l'enfant trace ses lettres une à une, créant des reprises indépendantes de son degré d'habileté graphique. De telles reprises devraient être exceptionnelles.

Habileté graphique

Lorsque l'écriture est véritablement acquise, c'est à dire lorsque sa fluidité autorise un débit rapide et sans effort, des aménagements se mettent en place. Ils ne proviennent pas d'une décision réfléchie mais d'une adaptation automatique du geste à la fois à l'efficacité de l'écriture (vitesse et lisibilité) et aux tendances naturelles de celui qui écrit. Ces aménagements portent à la fois ou séparément sur la liaison des lettres rondes et sur l'adéquation entre séquences phoniques et séquences graphiques.

En effet l'habitude d'écrire peut donner assez tôt une agilité à assurer des liaisons en trait couvrant au lieu de lever le stylo : les lettres à oves perdent leur rondeur et deviennent ovoïdes, ce qui permet d'attaquer l'ove à l'intérieur des mots par un trait couvrant légèrement courbe.

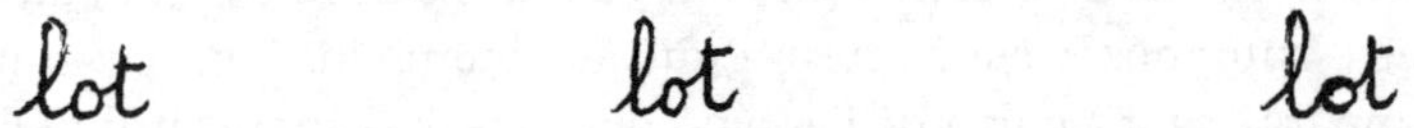

Lever de stylo — Trait couvrant sur ove ovoïde le geste coule bien — Trait couvrant sur ove rond un crochet sur l'ove empêche le geste de couler

Ce procédé de trait couvrant sur l'attaque des oves ne peut être enseigné. Il se met en place automatiquement avec l'habileté graphique. Tenter de l'enseigner conduirait à faire attaquer les ronds par des crochets et serait préjudiciable au bon déroulement de l'écriture.

La lecture courante incite à aménager l'écriture en unités motrices calquées sur les unités phoniques qui participent de l'image mentale du mot. Avec l'habitude, des césures disparaîtront de l'écriture de l'enfant et de nouvelles s'installeront, suscitant parfois un déplacement des angles d'attaque après la césure.

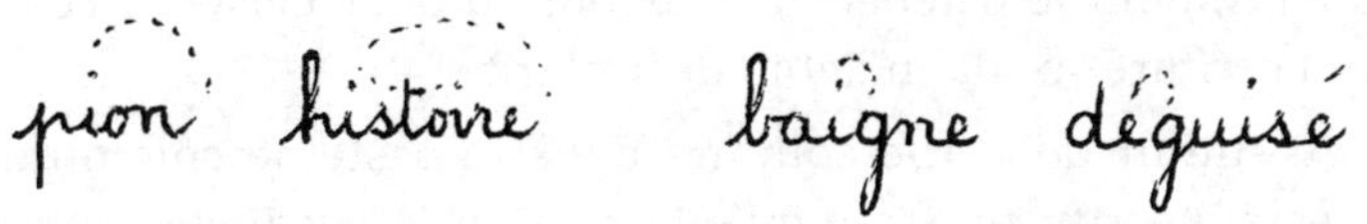

Liaison en trait couvrant — Lever de stylo

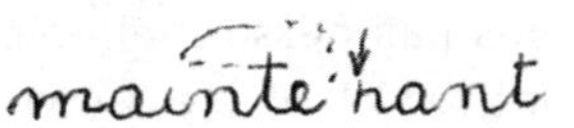

↓ = angle d'attaque

Déplacement de l'angle d'attaque

Ainsi, grâce à un trait couvrant sur le o devenu ovoïde par habileté graphique, « pion » et « histoire » pourront être écrits en un seul tracé car la lecture n'appelle pas de coupure avant le o. En revanche, dans « baigne » et « déguisé » la coupure avant le g *pourra* être maintenue car elle correspond à la séparation entre deux syllabes, la liaison sera assurée par un collage. Parallèlement, sa longueur incitant à une coupure, « maintenant » se coupera plus facilement après le « e » qu'avant le « a » à cause de son découpage phonique en syllabes (illustration page 149). Tous ces aménagements sont affaire personnelle (*cf.* page 90).

La tendance personnelle à lier, ou au contraire à couper les mots, et la longueur des lettres de l'unité graphique concernée peuvent aussi intervenir pour inciter à lever le stylo. Avec les années, pour ménager une « respiration » dans le mot, les i, u ou t peuvent être attaqués d'en haut de même que m et n, les barres de t peuvent être liées à la hampe du t et/ou à la lettre suivante et les points et accents peuvent être liés à la lettre qui suit, les l peuvent être bâtonnés, c'est à dire réduits au seul plein. Tous ces aménagements apparaissent à partir de l'adolescence et concernent surtout l'écriture de l'adulte. Il n'est pas judicieux de les enseigner.

Il résulte de tout ceci que des aménagements personnels peuvent être acceptés au fur et à mesure que l'enfant maîtrise l'écriture. **Apprendre à écrire est un peu comme apprendre à danser : bien posséder les pas de base permet ensuite des figures plus personnalisées, l'essentiel étant que le substrat soit préservé. La lisibilité, la clarté, la rapidité d'exécution, une gestion harmonieuse de l'espace et les qualités de présentation sont les éléments essentiels d'une écriture maîtrisée.**

Script ou cursive ?

Divers pays, dont le Québec au moment où nous écrivons ces lignes, enseignent l'écriture script en début de scolarité.

Parce qu'elle installe une coupure dans le geste de communication qu'est le geste d'écriture, parce qu'elle ralentit la production graphique (*cf.* page 142), parce qu'elle risque de freiner l'accès à la perception du mot comme un tout, nous ne sommes pas personnellement favorable à l'enseignement de l'écriture script avant le cycle 3 où elle a pleinement sa place dans les légendes des dessins et illustrations diverses ou pour mettre l'accent sur un mot ou une phrase.

Lorsqu'elle est réussie, la présentation esthétique de l'écriture script peut séduire. Elle n'en est que plus dangereuse pour l'adolescent. Il risque de devenir incapable de prendre les cours au fil de l'explication des enseignants faute de pouvoir écrire vite.

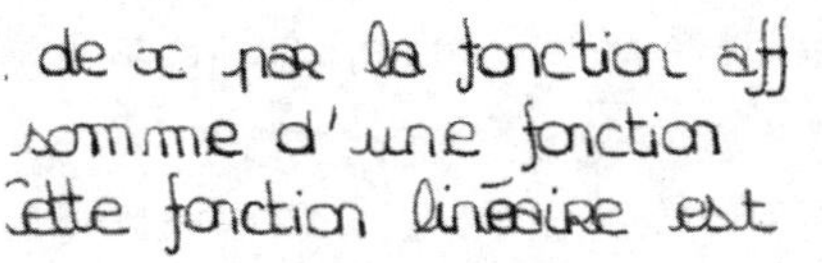

Avant rééducation :

écriture script très lente ne permettant plus une scolarité normale.

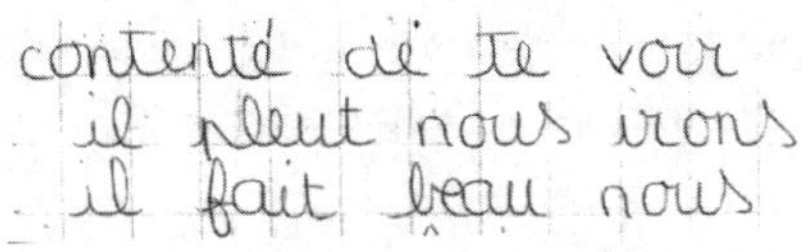

Après rééducation :

l'aspect régulier de l'écriture est préservé mais la liaison entre les lettres permet la vitesse nécessaire aux prises de notes.

Nous avons eu l'occasion de rencontrer des enfants pour qui l'écriture « en attaché » (comme on appelle la cursive dans les petites classes) est une écriture constituée de lettres script reliées après coup par un trait. Ceci a attiré notre attention sur le sens que peuvent revêtir les mots en fonction du contexte de leur apprentissage. Ainsi pour l'enfant qui accède directement à la cursive, « écrire en attaché » signifie lier les lettres au fur et à mesure de l'écriture (surtout s'il a appris selon notre méthode qui met en évidence la continuité du fil graphique). Pour l'enfant qui a commencé par l'écriture script, « écrire en attaché » risque donc de signifier « écrire puis attacher ».

Nous avons constaté aussi que lorsqu'elle est précédée de l'apprentissage de l'écriture script, l'écriture cursive coule souvent mal.

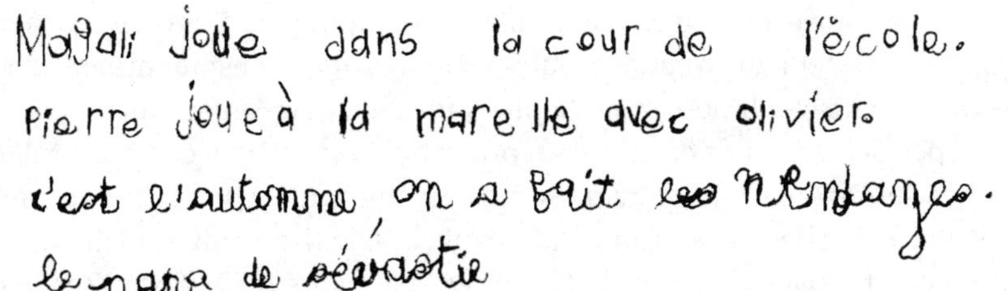

Lorsqu'elle est apprise après l'écriture script, l'écriture cursive coule souvent mal. Cahier de début CP. L'écriture script a précédé la cursive.

Pour leur part, les lettres bâtons utilisées par les tout-petits pour mettre leur nom sur leurs feuilles sont généralement des majuscules typographiques. Ce sont les manifestations de certaines représentations mentales du monde de l'écrit des enfants. Elles n'entrent pas dans le cadre des enseignements donnés par le maître – sauf en solution d'attente – mais dans celui de la reproduction naturelle de ce que l'enfant perçoit. Il n'en reste pas moins que la qualité de ces productions évolue au fil de la maîtrise de la gestion statique et de la gestion dynamique de l'espace.

L'écriture du prénom

Il existe plusieurs façons d'écrire le nom sur les productions graphiques des enfants. Ce peut être une étiquette que l'enfant ira lui-même chercher à un endroit convenu de la classe et collera lui-même en haut de la page. Cette étiquette pourra comporter son nom écrit en majuscules typographiques « les lettres des titres des livres », en script « les lettres des histoires racontées dans les livres » et en cursive « les lettres qu'on utilise pour écrire ». Cette démarche familiarise l'enfant avec l'écriture de son nom dans les différents caractères qu'il rencontre à l'école. Une majuscule au début du nom « lettre qu'il apprendra à écrire quand il sera un peu plus grand » est une aide précieuse au repérage de la gauche sur la page et habitue l'enfant à l'idée qu'un nom propre commence par une majuscule.

L'observation des étiquettes peut entrer dans le cadre de la découverte des fonctions de l'écrit et être l'objet de l'observation des différents types d'écritures. Elles pourront être comparées aux écritures présentes au tableau, aux écritures des livres et à celles qui figurent sur tout autre type de support.

Nous ne sommes pas d'avis de faire écrire son prénom à l'enfant tant qu'il ne possède pas les compétences requises pour le faire. Une fois maîtrisée la gestion statique de l'espace graphique, la tenue et le maniement du crayon, il peut le faire correctement en majuscules typographiques. Dès qu'il sera à même d'écrire correctement en cursive toutes les lettres qui le constituent alors il pourra l'écrire en cursive. Il nous semble plus judicieux que l'enfant mette en œuvre peu à peu ses capacités et se fixe un projet qu'il est capable de réaliser dans de bonnes conditions, plutôt que de se trouver confronté à des exigences qu'il ne peut, dans bien des cas, satisfaire (*cf.* chapitre 1). Écrire avant de maîtriser l'écriture revient souvent à dessiner des lettres, à tel point qu'il n'est pas rare d'entendre dire « il écrit bien son prénom, mais il l'écrit à l'envers », ce qui signifie que l'enfant connaît le dessin reproduit en final mais qu'il est bien loin encore d'avoir accédé réellement au monde de l'écrit.

La dimension affective du prénom ne suffit pas à en faire un écrit porteur de sens. Renvoyant à un référent unique, elle en renforce au contraire le caractère iconique.

Il en va tout autrement de « lit » lorsque l'enfant constate en page 17 du cahier 2 que le signifiant /li/ renvoie au même signifié [li] que /li/ page 10, sans pour autant renvoyer au même référent, et que ce même signifiant renvoie à un signifié homonyme (le /li/) sur la même page 17 renvoyant par nature à un tout autre référent. Plus tôt, il avait déjà pu constater que « le » devant « ramasse » page 14 est tout autre chose que « le » devant « pantalon » page 9 où est dessinée la garde robe d'hiver d'une fillette. La **conscientisation progressive** du fonctionnement de la langue pourra alors faciliter l'accès, plus tard, à la lecture et l'accès, d'ores et déjà, à la réflexion. (*Cf.* pages 107 et 103.)

On comprendra aisément que l'écriture du prénom n'offre pas les mêmes possibilités. En outre, les artifices nécessaires pour donner de la cohésion et une certaine cohérence à la progression de l'apprentissage de l'écriture et à l'accès au sens par le biais de l'étude du prénom rend cette pratique difficile et aléatoire à mettre en place.

11 Compétences transversales, progression, diversité des niveaux, et interdisciplinarité

Compétences transversales

Les Instructions Officielles de 2002 concernant « la totalité de l'école maternelle française » définissent cinq domaines d'activités pour structurer les apprentissages :

1. Le langage au cœur des apprentissages
2. Vivre ensemble
3. Agir et s'exprimer avec son corps
4. Découvrir le monde
5. La sensibilité, l'imagination, la création.

Elles précisent que « Les activités qui concourent à l'acquisition de compétences spécifiques à chacun des domaines permettent également de développer des **compétences transversales** : attitudes face aux apprentissages, méthodes. La curiosité et l'envie de connaître, l'affirmation de soi, le respect des autres, l'autonomie sont autant de comportements qui sont sans cesse encouragés. L'attention, la patience, la concentration doivent régulièrement sous-tendre l'observation comme l'action. En s'habituant à mettre en jeu son activité de manière ordonnée (participation à l'élaboration du projet, aux tâches suggérées, à la réflexion sur l'action et son résultat ; repérage des informations pertinentes, organisation des données ; mémorisation des étapes de la séquence et des résultats obtenus...), l'enfant se dote d'une première méthodologie de l'apprentissage. ».

Gérer l'espace c'est aussi respecter l'espace réservé à l'autre ; sous certains aspects, notamment lorsque sa préparation recoupe les domaines 2 et 3 « Vivre ensemble » et « Agir et s'exprimer avec son corps », **la gestion statique de l'espace graphique** est implicitement du registre de la proxémique. Pour sa part **la gestion dynamique de l'espace graphique** implique à la fois l'expression et la communication. Par les variations interpersonnelles qu'elle donne à voir, elle est également une aide à l'acceptation des différences donc à la tolérance (*cf.* page 100). D'autre part, dès son aboutissement à l'écriture, elle oblige aussi à réfléchir (*cf.* chapitre 7) en impliquant le choix du mot à écrire.

À travers tout ce processus d'apprentissage, l'enfant acquiert donc des compétences transversales que nous illustrerons de façon synthétique par un extrait du rapport d'une enseignante qui, après avoir enseigné de façon traditionnelle pendant 18 ans, a été la première à mettre cette méthode en application :

> « On constate que, l'objectif et la méthode ayant été bien intégrés, on a facilité :
> - la rapidité d'accès à l'autonomie dans les ateliers,
> - la capacité à
>   - suivre une ou plusieurs consignes,
>   - évaluer les productions des autres,
>   - s'auto-évaluer, s'auto-corriger,
>   - réinvestir les acquis dans des productions libres ou des jeux,
> - le développement de la faculté d'observation, d'où une plus grande aptitude à représenter graphiquement ce qui est vu (dessin de la maison),
> - la rapidité et la précision du schéma corporel,
> - le repérage dans l'espace,
> - la capacité d'abstraction (suivre du doigt une ligne horizontale imaginaire),
> - l'acquisition et la compréhension du vocabulaire spécifique (boucle, ligne, espace),
> - la tenue correcte en situation d'écriture,
> - la capacité à se fixer sur une tâche dont on connaît l'objectif, et la volonté de la mener à bien,
> - le calme et l'assiduité dans les activités autonomes,
> - la socialisation : coopération entre les enfants, aide réciproque pour respecter les consignes et corriger les erreurs ».

L'enfant se construit ainsi par le jeu subtil entre liberté d'expression et canalisation de cette expression par l'apprentissage de règles opérationnelles et comportementales. Nous pouvons donc dire, en empruntant à Alain Bentolila[1], que, de cette façon, l'enfant se construit dans le respect de l'équilibre entre spontanéité, naturel, créativité d'une part et langue, codes, consignes et règles de civilité d'autre part. Il souligne le rôle déterminant de ce processus en proposant de considérer les conditions d'apprentissage comme les deux plateaux d'une balance ainsi équilibrée.

---

1. Alain Bentolila est professeur de linguistique à l'Université René Descartes Paris V, conseiller scientifique à l'Agence Nationale de Lutte Contre l'Illettrisme, conseiller scientifique de l'Observatoire national de la lecture, fondateur du réseau des Observatoires de la lecture.

Progression

La modélisation de l'apprentissage de l'écriture implique, par définition, une progression qui doit nécessairement respecter le rythme des acquisitions : on ne passe à l'étape suivante que lorsque l'étape en cours est réussie. En revanche, la cohérence de la progression nécessite également que plusieurs acquisitions de compétences soient menées de front.

Ainsi, selon nous, l'enfant est réellement en mesure d'écrire correctement lorsqu'il sait tenir et manier un crayon et lorsqu'il a franchi toutes les autres étapes d'acquisition de compétences relevées dans la modélisation. Nous entendons par là que la finalité – production d'une écriture fluide – commence à être atteinte dès les premiers mots (« le », « elle »). Cela inclut aussi l'aspect sémantique de l'écriture (*cf.* pages 102 et suivantes).

Toutefois, la finalité ne peut être atteinte que si ont été opérés les retours nécessaires à l'étape précédente chaque fois que l'accès à une étape s'est révélé défectueux. Il ne sert à rien de répéter une activité que l'enfant n'arrive pas à faire (*cf.* page 14). Considérée ainsi, la progression s'établit selon le tableau page suivante :

Peu à peu les coupes, puis les ronds, puis les ponts s'intègrent à l'écriture pour former toutes les lettres simples donc pour écrire tous les mots. Ce schéma n'exclut pas que l'ensemble du processus d'apprentissage puisse se mettre en place en moyenne ou grande section s'il ne l'a pas été plus tôt.

Le geste constitutif des formes de base acquis par la gestion dynamique de l'espace graphique peut être réinvesti et consolidé diversement :
– intégration dans l'écriture par le biais des lettres auxquelles il donne accès (qui en est l'objectif),
– intégration spontanée ou guidée dans des dessins (dans le 2e cas, le dessin intègre la préparation à l'écriture),
– intégration guidée dans des activités traditionnelles de graphisme qui deviennent pour l'occasion de la préparation à l'écriture.

Il nous semble important de bien faire la différence chronologique, car conceptuelle, entre les activités graphiques qui préparent en amont à la tenue du stylo, la latéralité et la gestion statique de l'espace et celles qui renforcent en aval les compétences acquises par la gestion dynamique de l'espace graphique.

1re étape	2e étape	3e étape	4e étape	5e étape	6e étape	7e étape	8e étape	9e étape
Latéralisation. Tenue et maniement du crayon.								
Gestion statique de l'espace.	Réinvestissement sur papier de la gestion statique de l'espace. Différenciation des dimensions de l'espace statique avec réinvestissement sur papier.							
Gestion dynamique de l'espace : acquisition du geste des boucles[1].	Gestion dynamique de l'espace : production de boucles sur piste verticale[1].	Réinvestissement sur papier de la gestion dynamique de l'espace,	Différenciation des dimensions des séquences graphiques tracées par l'enfant.	Coupes	Ronds	Ponts	Jambages	Points de détails de l'alphabet
			Premiers mots	Premiers mots				
				Premières phrases	Premières phrases			
Suggestion de progression								
PS (+ tout-petits pour l'étape 1)	PS (+ tout-petits pour l'étape 1)	PS (+ tout-petits pour l'étape 1)	PS - Début MS	MS	MS	GS	GS	GS

1. Le passage de l'acquisition du geste des boucles à leur production sur plan vertical ne coïncide pas forcément avec le moment du passage de l'é l'étape 2 de la gestion statique de l'espace.

Diversité des niveaux

Tous les enfants n'accèdent pas aux mêmes compétences au même rythme. Cela implique donc un « cloisonnement » des activités, faute de quoi, des étapes seront brûlées. Cette organisation en ateliers correspondant à des groupes de niveaux n'empêche pas que tous les enfants d'une même classe travaillent sur un même thème. Cela n'empêche pas non plus le fonctionnement en tutorat. Nous avons intentionnellement utilisé le terme de cloisonnement pour attirer l'attention sur le fait que les ateliers ne sont pas distribués au hasard ni au choix des élèves mais par groupes de niveaux. Il s'agit de constituer des groupes en fonction de chaque étape spécifique des apprentissages. Par ex., à Pâques :

• formeront un groupe les enfants qui devront décorer des dessins d'œufs de Pâques de traits verticaux à la peinture à doigts pour apprendre à positionner correctement leur main ;

• formeront un autre groupe ceux qui, ayant au préalable appris à placer leurs mains et leurs doigts par des exercices de peinture à doigts, devront mettre cette compétence en application pour assurer le passage à l'utilisation du crayon : ils feront le même travail au crayon de couleur ou au feutre de dimension adaptée ;

• formeront un autre groupe encore ceux qui auront dépassé ce stade depuis un certain temps et en seront à la conjugaison entre mobilité des doigts et déplacement du bras : ceux-là feront la course aux zigzags sur les mêmes dessins. Etc.

Travail thématique – Groupes de niveaux – Interdisciplinarité

Alors que les compétences transversales correspondent à des acquisitions qui se font à l'occasion d'activités structurées, la préparation à l'écriture que nous proposons est une discipline à part entière. Elle est structurée : **il ne s'agit pas de réaliser une production graphique *à l'occasion d'une* activité source** (par exemple, j'écris le nom du personnage d'une histoire, je colorie son vêtement etc.) **mais bien de structurer l'activité graphique dans le but de faire acquérir une compétence en écriture. L'activité source en est le *prétexte*.**

Plutôt que de présenter un développement théorique, nous illustrerons ce mode de fonctionnement par un exemple : le cirque .

Les ateliers sont organisés en fonction des besoins. Comme les trois compétences (latéralité et tenue du stylo, gestion statique de l'espace graphique et gestion dynamique de l'espace graphique) se travaillent en concomitance, on peut choisir de faire des ateliers sur une seule de ces compétences ou sur deux ou sur les trois, pourvu que la progression soit respectée pour chaque enfant. Les ateliers ne sont ouverts que lorsque des enfants doivent travailler la compétence concernée, donc plusieurs ateliers peuvent ne pas exister à un moment donné.

L'existence de plusieurs versions sur un même thème pour chaque atelier permet le renouvellement de l'activité au fil des jours pour un même enfant jusqu'à ce qu'il ait acquis la compétence visée. Pendant la même période, le même type d'activité peut être fait à d'autres occasions, donc sur des thèmes différents, pour ne pas figer dans un contexte la compétence visée.

Des ateliers peuvent utiliser exactement les mêmes supports, soit directement sur la feuille, soit découpés au préalable par l'enseignant, exemple I.B, II.E, ci-après, page 160 et suivantes. Les ateliers peuvent sembler identiques, exemple I.B et II.G. Ils ne peuvent cependant pas être regroupés, l'objectif n'étant pas le même. Ici pour I.B les personnages sont déjà collés sur le papier alors que le travail à réaliser pour II.G est justement de les coller ; les gommettes de I.B *peuvent ne pas être* parfaitement alignées ni être très régulièrement espacées alors que celles de II.B *doivent* l'être.

Les activités proposées peuvent avoir en même temps un autre objectif. Par exemple, telle qu'elle est décrite ci-dessous, la première proposition de l'atelier I.B peut être l'occasion d'un travail sur les couleurs, II.B est l'occasion de se déguiser etc.

Le travail par thèmes ne saurait être éludé. En revanche, il serait illusoire de croire que la préparation à l'écriture peut se limiter au travail sur un seul thème ou même à un travail exclusivement sur des thèmes.

Afin de multiplier les entrées, des activités analogues doivent être menées par ailleurs pour faire acquérir la compétence visée.

Pour un bon suivi de la progression et des progrès des enfants, on gagne à faire réaliser les activités sur les cahiers correspondants[2] une fois que l'on pressent que la compétence visée est acquise. Ces cahiers proposent plusieurs pages sur un même thème pour s'assurer de son acquisition effective.

Le cirque

Le point de départ peut être un album, une histoire racontée, la présence d'un cirque à proximité, une projection vidéo, etc. Le cirque peut être l'occa-

2. *Les cahiers d'écriture – Maternelle, 1 Gestion de l'espace/latéralité et tenue du stylo, 2 Les formes de base*, Éditions Hatier, Danièle Dumont. NB. La dimension des cahiers a été tout spécialement étudiée pour que les conditions d'apprentissage soient optima.

sion de multiples activités : expression corporelle, reconnaissance des couleurs…, il peut aussi être l'objet d'acquisitions de compétences du registre du « vivre ensemble », etc. Nous ne mentionnerons ici que les activités qui ont trait à la préparation à l'écriture et nous n'entrerons pas dans le détail des réalisations. Nous renvoyons pour cela le lecteur aux chapitres concernés.

Il va de soi que la progression ci-dessous correspond à celle de la modélisation de l'apprentissage de l'écriture, donc à celle des cahiers correspondants, les rubriques I et II devant être conduites en alternance.

I - Latéralité et tenue de stylo :

Atelier A – Latéralité. Tous les enfants sont concernés. L'un des personnages du cirque peut être le prétexte à l'apprentissage du repérage de la droite.

Atelier B – Repérage du sens de déroulement de l'écriture sur la ligne. Sur une feuille de papier où figureront les dessins correspondants, mettre sous forme de gommettes, de grosses chaussures rouges aux pieds des gens du cirque qui font la parade en ville OU mettre un chapeau sur leur tête OU placer un programme dans la main (ou un chapeau sur la tête) des spectateurs qui font la queue au guichet en commençant par la gauche OU placer un panache sur la tête des poneys qui entrent en piste (attention, le même travail une fois les poneys en piste n'est pas adapté car généralement les poneys y tournent en rond).

Atelier C – Position des doigts sur le crayon. Mime. Placer les mains sur la tête, doigts en position de tenue de crayon mais index levé (*cf.* chapitre 4) pour mimer les lapins du prestidigitateur. Il est bien évident que cette activité fait partie d'un ensemble plus vaste de mime relatif au cirque.

Atelier D – Apprentissage de la tenue du crayon : position des doigts et de la main. Sur une feuille de papier où figureront les dessins correspondants, mettre le lion en cage en faisant à la peinture à doigts des barreaux verticaux devant un lion dessiné. (Peut être fait avec des animaux divers au choix des enfants si c'est possible) OU tracer les piquets de l'enclos de l'autruche si le cirque a une ménagerie OU tracer les piquets du chapiteau OU tracer les rayures du tigre.

Atelier E – Tenue du crayon : position des doigts et de la main. Idem mais au crayon.

Atelier F – Motricité fine des doigts. Sur une feuille de papier où figureront les dessins correspondants, colorier les habits des personnages sur les gradins OU colorier les personnages sur la piste OU faire les barreaux de la cage des colombes en repassant plusieurs fois sur un même trait (les barreaux de la cage du lion sont trop grands pour se prêter à ce type d'activité) si la cage fait la hauteur de la feuille.

Atelier G – Motricité fine des doigts et déplacement horizontal. Sur une feuille de papier où figureront les dessins correspondants, faire en « course aux zigzags » le rebord des parasols qui abritent les marchandes de confiseries, décorer de même l'ensemble du parasol OU décorer de même le caparaçon des chevaux OU décorer de même la toile du chapiteau.

II - Gestion de l'espace graphique :

Atelier A – Horizontalité de la ligne et régularité des espaces sur une ligne. Manipulations. Après avoir installé le décor du cirque, disposer les gens du cirque qui font la parade en ville OU après avoir installé le décor de la ville, disposer les caravanes du cirque qui arrivent en ville OU après avoir installé le décor de la ville, disposer les caravanes le long de la place.

Atelier B – Prise de conscience des espaces et tentative de régularité. Motricité. Les enfants font le défilé de la parade.

Atelier C– Régularité des espaces. Motricité. Les enfants disposent les plots sur lesquels se produiront plusieurs animaux (Ils grimpent ensuite dessus).

Atelier D – Régularité des espacements – Atelier musical en rapport avec la musique du cirque.

Atelier E – Horizontalité de la ligne et régularité des espaces sur une ligne en reproduction d'un modèle. Travail sur papier. Mêmes propositions que IB puis au-dessous disposer régulièrement des gommettes alignées de la même façon.

Atelier F – Idem C sur plusieurs lignes.

Atelier G – Idem D sans modèle. Coller les dessins des gens du cirque qui font la parade en ville OU des spectateurs qui font la queue au guichet OU les poneys qui entrent sur la piste OU aligner les colombes du prestidigitateur sur un fil invisible.

Atelier H – Conceptualisation de l'horizontalité sans alignement continu. Après avoir planté le décor sur une feuille de papier uni (piste à gauche, cage à droite), tracer le chemin qui permet au tigre de rejoindre sa cage après sa participation au spectacle OU après avoir placé les animaux à gauche et leur nourriture à droite, tracer le chemin qui permet aux animaux d'aller manger OU après avoir placé un poteau à gauche un à droite, tracer le fil du funambule.

Atelier I – Perception des différences de dimension. Idem atelier IIE en alternant un grand, un petit OU coller les animaux qui défilent en ville avec leurs petits en alternant un grand, deux petits.

Atelier J – Différenciation des espacements. Manipulations. Les animaux du cirque défilent en file indienne en laissant un espace plus grand entre chaque sorte d'animaux OU idem sur deux files.

Atelier K – Différenciation des espacements. Travail sur papier. Idem J sous forme de dessins à coller OU les gens du cirque défilent en file indienne en laissant un espace plus grand entre chaque catégorie d'activité (clowns, acrobates...) OU idem sur deux files.

Atelier L – Régularité de la verticalité. Mêmes propositions que IIE mais en veillant au respect de la verticalité.

III - Mise en application avant l'apprentissage de l'écriture cursive.

Atelier A – D'après un modèle, écrire sous leur dessin le nom de personnages, animaux ou objets du cirque ne comportant que des lettres sans partie courbe OU d'après un modèle ne comportant que des lettres sans partie courbe, légender une scène du cirque.

Atelier B – D'après un modèle, écrire le nom de personnages, animaux ou objets du cirque OU légender une scène du cirque.

IV – Les formes de base (ces activités ne dispensent pas du travail de préparation aux formes de base – elles **doivent** se situer après que les activités initiales de gestion statique de l'espace graphique aient été réussies).

Atelier A – Décorer de boucles le chapiteau du cirque OU décorer de boucles l'habit des clowns.

Atelier B – Écrire *le* ou coller la vignette *la* devant les noms qui désignent les objets qui figurent sur un dessin.

Atelier C – Compléter la légende d'un dessin en ajoutant *elle* ou en collant les vignettes *il*.

Atelier D – Décorer de coupes le chapiteau du cirque OU l'habit du clown OU nettoyer le mufle des animaux (= surligner leur mâchoire) en remontant bien jusqu'aux oreilles.

Atelier E – Compléter la légende d'un dessin en ajoutant *elle* et *il*.

Atelier F – En commençant en haut, dessiner la coquille des œufs des pigeons qui viennent de naître (partie cassée tournée vers la droite) OU ajouter ce qui manque à la tête des éléphants (oreille droite d'éléphants tournés vers la droite).

Atelier G - En écrivant « celle-ci » ou « celui-ci » désigner la tenue de l'écuyère qu'on préfère OU la tenue de l'acrobate OU le clown OU l'animal... qu'on préfère.

Atelier H – Recopier la légende d'un dessin (la légende ne comporte que des lettres connues).

12

Difficultés d'écriture et remédiation

On ne sera pas surpris de constater que les difficultés d'écriture ont des origines diverses et que leur classement recoupe les compétences de base nécessaires pour apprendre à écrire.

Difficultés liées à la tenue et au maniement du crayon

Elles peuvent être dues à une mauvaise tenue du stylo ou à une mauvaise position de la main ou du poignet qui affecte la fermeté du geste. L'écriture est alors mal assurée et souvent altérée par de nombreuses reprises[1] (*cf.* page 43).

À la longue peut s'installer insidieusement une crampe de l'écrivain qui, au début, n'affecte pas l'aspect de l'écriture. Elle se révèle tout d'abord sous forme de douleurs qui apparaissent souvent à l'adolescence. Progressivement l'acte d'écrire devient impossible. Une rectification précoce de la position des doigts, de la main et du bras et une remédiation de leur stratégie de déplacement évitent d'en arriver là. La douleur peut être telle qu'elle bloque le geste et, à la longue, ne permet plus une écriture normale.

Avant rééducation

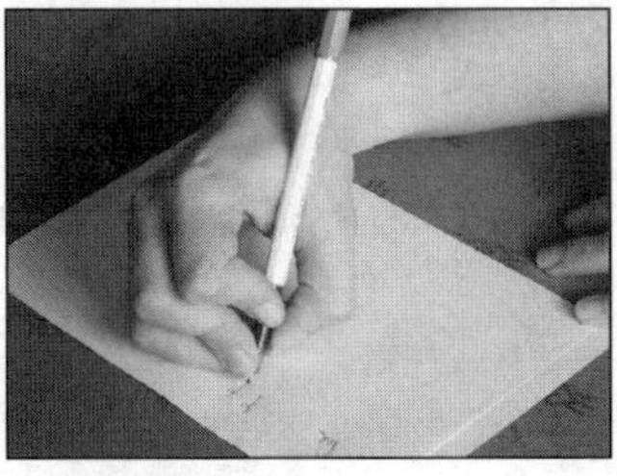

1 mois 1/2 après le début de la rééducation (2 séances)

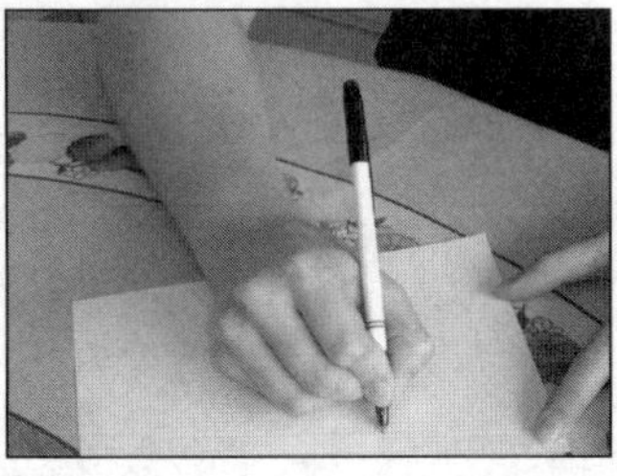

Crampe de l'écrivain – La scriptrice est dans l'incapacité d'écrire depuis six ans.

1. Comme son nom l'indique, une reprise est un redémarrage du geste d'écriture après arrêt dans le mot. Une reprise occasionne des soudures nettement visibles si elles sont mal ajustées ; à l'opposé, une soudure bien ajustée ne se voit pas à l'œil nu. (*Cf.* p. 141 et 142).

Écriture avant rééducation

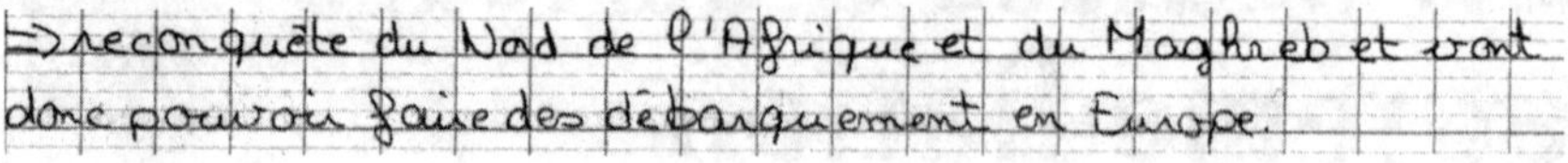

Écriture après rééducation

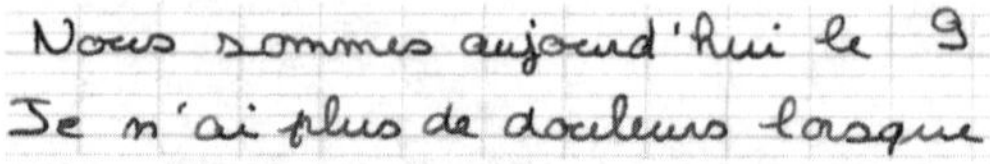

En haut : écriture très lente mais non désorganisée d'une jeune fille de 17 ans souffrant depuis 3 ans de la main et du bras lorsqu'elle écrit. La prise de notes n'est plus possible. Diagnostic du chirurgien consulté : début de crampe de l'écrivain qui n'apparaît pas dans l'écriture.

En bas : écriture à vitesse normale et indolore après deux séances de rééducation complétées d'exercices quotidiens pendant trois semaines entre les deux séances. Les prises de notes sont possibles rapidement et sans douleur. Afin d'optimiser la vitesse, la rééducation a visé non seulement à la réduction de la crampe de l'écrivain mais aussi à la remédiation du ductus de l'écriture.

Avant la crampe

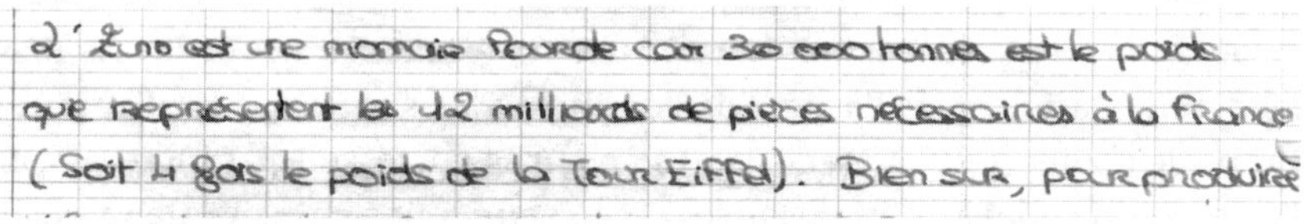

Pendant la période de crampe après deux ans de kinésithérapie

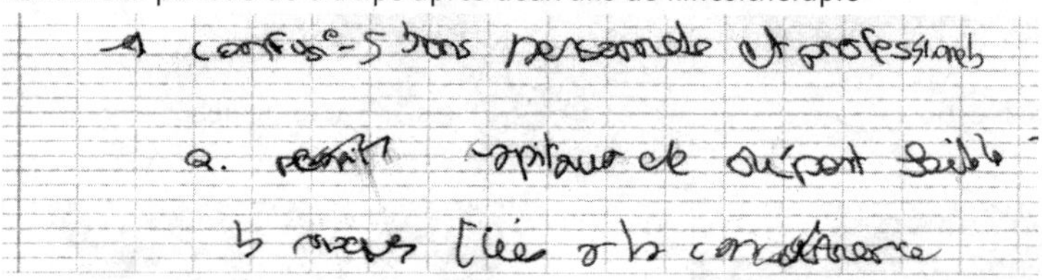

Après 6 séances de rééducation sur 5 mois avec une coupure d'un mois 1/2 pendant les vacances

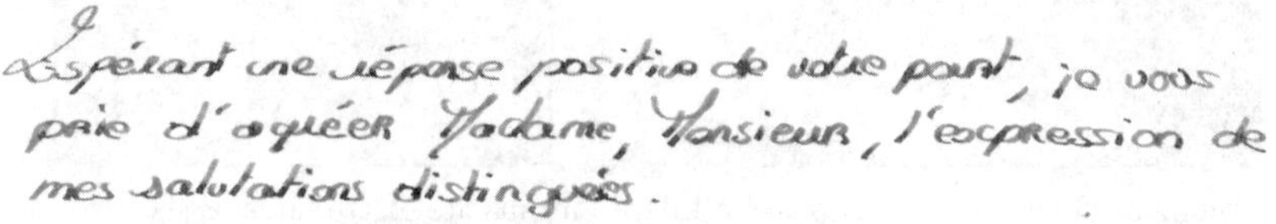

Dégradation de l'écriture d'une jeune fille en raison d'une crampe de l'écrivain puis restauration par remédiation de la tenue du stylo et de la stratégie de déplacement de la main et du bras.

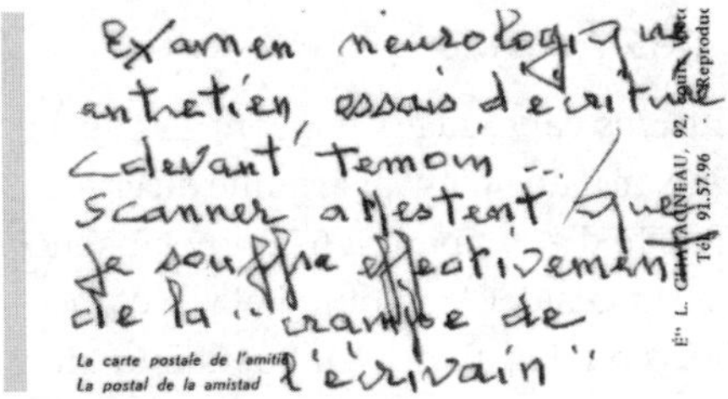

Restauration de l'écriture chez une femme de 61 ans souffrant d'une crampe de l'écrivain depuis l'âge de 20 ans.

La scriptrice qui n'écrivait plus depuis longtemps a décidé une rééducation à son départ à la retraite. L'ancienneté du handicap n'a pas permis de retrouver la fluidité du geste.

Difficultés concernant la gestion dynamique de l'espace graphique

Le ductus

Un autre type de difficultés concerne l'ignorance du point d'attaque et du sens de rotation des lettres, essentiellement des lettres rondes, mais pas exclusivement.

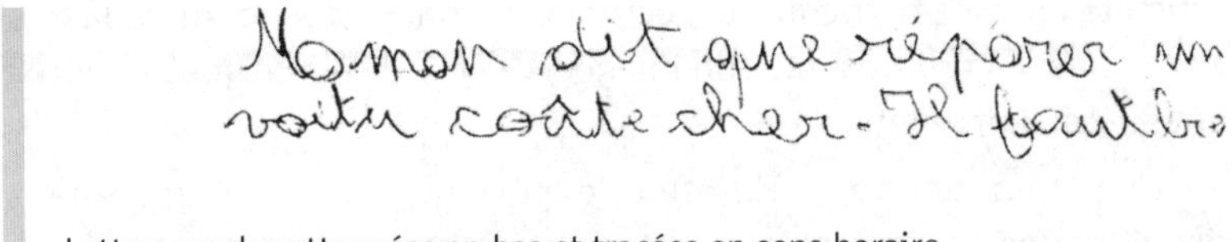

Lettres rondes attaquées en bas et tracées en sens horaire.

Une restauration du point d'attaque des lettres rondes donne ou redonne aux lettres leur cohésion

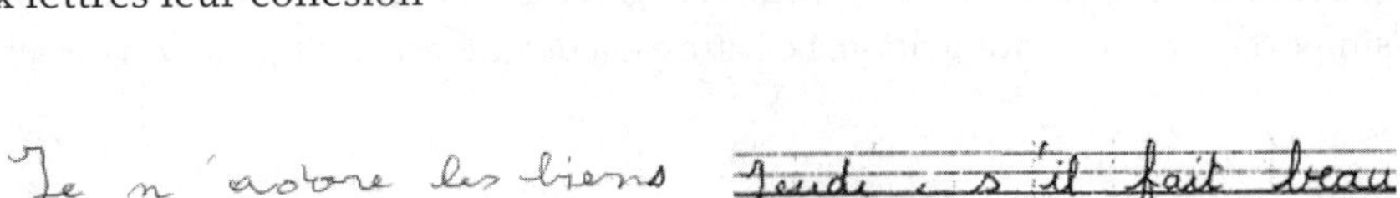

À gauche, écriture avant rééducation. L'attaque des lettres rondes en haut à gauche provoque parfois une dissociation des lettres.

À droite, écriture après remédiation du point d'attaque.

L'élan du geste et la création des formes

Le manque de tonus, les tremblements, les cabossages[2] ne sont pas spécifiquement liés à une mauvaise motricité fine, ni à une mauvaise tenue du crayon. Ils peuvent être dus à un manque de capacité d'anticipation lié à une absence ou à une insuffisance de travail sur l'élan du geste. C'est toute l'étape d'encodage kinesthésique par des jeux de foulards ou de rubans qui fait défaut ainsi que son réinvestissement sur piste verticale.

Comme la boucle est l'unité de base par excellence, donner de l'élan à la boucle c'est aussi donner de l'élan à l'ensemble de l'écriture. C'est la raison pour laquelle les rééducations du geste d'écriture passent souvent par un travail important sur l'investissement de cette forme de base dans un tracé vif sur papier uni (*cf.* illustrations pages 97 et 102).

Image mentale et production graphique

La mise en œuvre de l'écriture s'appuie sur l'image mentale de la séquence graphique à écrire. Cette image mentale est autre chose que la représentation imagée de la séquence. Elle correspond au processus à mettre en œuvre. Une hésitation sur le geste à produire pour former les lettres, ou sur l'orthographe en primaire, altère la production graphique car elle prive l'enfant des moyens d'installer l'image mentale d'une séquence graphique longue.

Sauf difficulté motrice particulière, l'écriture devrait correspondre à la fois à l'image mentale et à la représentation imagée, c'est-à-dire à ce que se représente mentalement son auteur.

Il n'en va pas toujours ainsi. En effet l'expérience montre que l'enfant s'extériorise dans les exercices de boucles sur plan vertical qui, étant une projection du geste (donc de l'expression corporelle) dans le tracé, sont des actes d'expression avant d'être des actes de communication[3].

Si l'écriture dépend de l'image mentale correspondante qui doit satisfaire les attentes du scripteur lui-même, elle est également conditionnée par sa finalité : support d'une communication, l'écriture est destinée à être lue donc à être vue.

---

2. Les cabossages sont des *altérations* du galbe du tracé.

3. Un vécu très douloureux avait donné à S. – 6 ans GS – une image de soi négative. Elle ne parlait pas à la maîtresse ni aux autres enfants de la classe ; elle ne participait pas aux activités graphiques et participait peu aux autres activités. Grâce à une pratique quotidienne de brèves séances de boucles sur piste verticale qui lui ont permis de s'extérioriser, elle a pu installer en un mois une communication normale.

Par l'intervention du regard de l'autre, l'écriture passe du statut de moyen d'expression à celui de moyen de communication. De ce fait, une mauvaise image de soi est susceptible de faire écran entre l'image mentale de l'écriture et la production finale. Pour que la production graphique soit conforme, il faut donc que l'enfant ose s'exprimer.

L'expérience montre que des enfants à l'image de soi dévalorisée ou simplement craintifs réussissent mieux les boucles les yeux fermés que les yeux ouverts. Ce n'est donc pas l'image mentale de boucles qui est en cause mais l'idée inconsciente que l'enfant se fait de la communication.

A1

A2

B

L'image de soi altérée par un vécu douloureux, R., 8 ans, était dysgraphique. D'autre part, il dessinait toujours exclusivement en noir et ne coloriait jamais ses dessins. Hormis ses problèmes d'écriture, R. était bon élève. De brèves séances quotidiennes de production de boucles les yeux fermés sont venues à bout de ses difficultés d'expression par l'écriture et le dessin. En une semaine, le cahier de poésie s'est égayé de couleurs.

A. Boucles produites, à partir de la même consigne, au cours de la première séance de rééducation :

1. les yeux fermés après exercices guidés. **2.** les yeux ouverts après plusieurs lignes de boucles les yeux fermés.

Remarquer le blocage de ces lignes par opposition à l'élan des premières.

B. Boucles produites les yeux ouverts quelques semaines plus tard à partir de la même consigne.

La valeur expressive de l'écriture concerne donc non seulement l'expression d'un message mais aussi l'expression de soi. La prise en compte de cette dimension de l'acte graphique est particulièrement importante dans la relation de l'enseignant à l'enfant.

Par exemple, arracher sans ménagement une page mal écrite et faire refaire le travail ne peut que conduire à des résultats opposés à ceux escomptés : plus l'image de soi est mauvaise, plus l'écriture est susceptible d'être altérée. En revanche, la mise en valeur de chaque progrès est un appel à de nouveaux progrès. La qualité de l'écriture d'un enfant en difficulté n'est pas à considérer dans l'absolu mais comparativement aux écritures précédentes.

Difficultés concernant la gestion statique de l'espace Leur remédiation

La perception de l'espace

Une préparation incomplète à l'écriture peut se traduire par des difficultés de gestion de l'espace graphique au C.P, voire jusqu'au CE1 ou au-delà. Dans ce cas, la perception de l'espace de l'écriture n'a pas été mise en place. Un travail sur l'espace a pu exister en maternelle mais il n'a pas été lié à l'espace dans lequel évolue l'écriture, c'est-à-dire à l'espace géré par le geste d'écriture (voir chapitres 2, 5 et 7).

Certes l'enfant a pu apprendre la gauche et la droite, les notions de dessus, dessous, devant, derrière, dedans, dehors, toutes notions utiles par ailleurs mais insuffisantes à lui faire intégrer la dimension des lettres et la tenue de la ligne, car dissociées de la réalité du geste graphique.

Des exercices d'écriture dans lesquels on demanderait à l'enfant dysgraphique de s'appliquer à respecter les dimensions imposées et à tenir sa ligne n'auraient qu'une efficacité relative. L'enfant se trouverait ainsi placé devant une consigne complexe coûteuse en énergie : reconnaître et mémoriser la lettre à tracer – puisqu'il en est au stade de l'apprentissage de l'écriture et de la lecture – la former correctement, enchaîner la suivante, tâches habituelles qu'il réussit plus ou moins selon son habileté et auxquelles s'ajouterait un effort particulier pour tenter de réussir ce en quoi justement il échoue.

La répétition d'exercices perçus par l'enfant comme difficiles et comme voués à l'échec ne peut qu'accentuer ses mauvaises dispositions psychologiques envers eux et son sentiment d'incapacité. Il convient donc d'inverser la tendance pour remplacer par un projet de réussite le projet d'échec dans lequel s'installe l'enfant. En conséquence, il s'agit de donner des exercices préparatoires à la portée de l'enfant et uniquement ciblés sur l'objectif afin d'installer une perception de l'espace graphique par un biais autre que l'écriture.

En matière d'espace, le modèle calligraphique concerne la proportion des lettres et parties de lettres. Il ne concerne leur taille que lorsqu'il s'agit d'écrire sur rayures Seyes.

Des recherches menées par Ajuriaguerra[4] et son équipe ont montré que 87 % des enfants de 6 ans et 73 % des enfants de 7 ans tentaient de compenser leurs difficultés d'exécution de l'écriture en agrandissant la dimension des lettres. Cette compensation n'est d'ailleurs pas spécifique à l'enfant, elle correspond à un réflexe naturel présent également chez l'adulte.

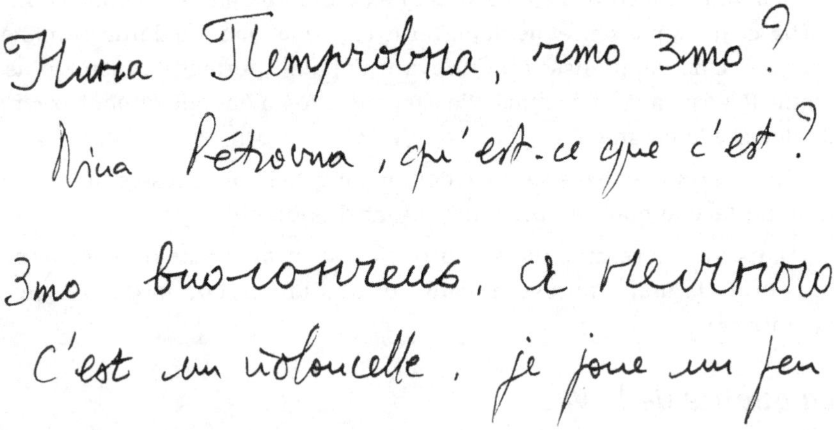

– En russe : écriture d'un adulte qui ne sait pas écrire cette langue.
– En français, son écriture habituelle.

Dans l'écriture russe remarquer l'agrandissement involontaire des lettres destiné à compenser les difficultés d'écriture.

Donc, comme il est plus facile à l'enfant d'écrire grand, pour ensuite en venir aux dimensions normalisées, les lignages des premiers cahiers sont plus espacés que ceux utilisés dans la suite de la scolarité. Pour la même raison, nous proposons d'effectuer les premiers exercices de remédiation de la gestion de l'espace dans des dimensions plus grandes que celles des rayures Seyes traditionnelles, la réduction aux rayures habituelles se faisant en fin de remédiation.

Nous suggérons tout d'abord de faire repérer le lignage du cahier en coloriant chacun des trois premiers interlignes de trois couleurs différentes, un carreau sur deux, en veillant à ne pas dépasser[5]. Ensuite l'enfant pourra faire chaque jour une frise de son choix qui consiste à marquer d'une façon ou d'une autre le repérage du lignage du cahier (par exemple dans chaque carreau faire un petit trait sur la ligne et sur chaque interligne). Les frises de bas de page du cahier 1 de CP constituent des exercices de remédiation de l'espace graphique.

4. *Op. cit* (p 139 note 2 du chapitre 9).

5. Cf. page 6 du cahier 1 – *Apprentissage*. (*Les cahiers d'écriture – CP*. Danièle Dumont. Hatier, 2002).

Tenue de ligne et déplacement des organes scripteurs

Une mauvaise tenue de ligne n'est pas forcément liée à un mauvais guidage visuel, il peut s'agir tout simplement d'une mauvaise stratégie de maniement du stylo.

Si la ligne est convexe il se peut que l'enfant bloque son coude contre le corps, ce qui a pour effet de déplacer le bras à la manière d'une branche de compas. Une compensation en levant l'épaule permet d'ajuster plus ou moins le geste à la ligne mais elle est coûteuse en énergie et peut créer des douleurs à la longue.

Si des arcs convexes se succèdent le long de la ligne il se peut que l'enfant déplace la main en pivotant autour du poignet.

Dans un cas comme dans l'autre c'est la stratégie de déplacement du bras et de la main qui est en cause et non la perception de la ligne (*cf.* chapitre 4).

La qualité de la vue

Il se peut aussi qu'une sorte de cassure soit visible le long d'une verticale qui parcourt toute la page, montrant une sorte de dissociation entre la partie gauche de la page et sa partie droite. Il se peut, dans ce cas, que l'enfant ait du mal à assurer le relais entre l'oeil droit et l'oeil gauche.

Une consultation de l'ophtalmologue peut alors s'avérer utile.

L'échelle d'Ajuriaguerra

Élaborée sur la base de recherches menées dans les années 50 auprès de plusieurs centaines d'enfants par Hélène de Gobineau et Roger Perron, chercheurs de l'équipe d'Ajuriaguerra[6], une échelle dite des composantes enfantines répertorie les spécificités de l'écriture de l'enfant ou plus précisément les caractéristiques graphiques qui contribuent à la mauvaise qualité de l'écriture. Elle se compose de 30 items classés en deux parties : des items « de motricité » et des items « de formes destinées à compenser les difficultés motrices ».

6. *L'écriture de l'enfant*, J. Ajuriaguerra, M. Auzias, A. Denner, Éd. Delachaux et Niestlé, 1964.

F1	Surfaces enfantines	**M15**	Bâtons descendants repris
F2	Écriture dodue	**M16**	Lettres retouchées
F3	Absence de mouvement	**M17**	Ensemble sale
F4	Écriture grande	**M18**	Arquage des d, t, p, q
F5	m, n scolaires	**M19**	Cabossages
F6	t scolaires	**M20**	Mauvais galbe des boucles
F7	p scolaires	**M21**	Tremblements
F8	a en deux morceaux	**M22**	Tracé vacillant
F9	d, g, q, en deux morceaux	**M23**	Saccades
F10	Majuscules maladroites	**M24**	Télescopages
F11	Points de soudure	**M25**	Lignes cassées
F12	Collages	**M26**	Lignes fluctuantes
F13	Espaces irréguliers entre les lignes	**M27**	Lignes descendantes
F14	Zones mal différenciées	**M28**	Mots dansants
		M29	Irrégularité de dimension
		M30	Irrégularité d'inclinaison

Liste des composantes enfantines selon Julian Ajuriaguerra. Nous n'avons pas reproduit les coefficients destinés au calcul de l'âge graphomoteur.

Cette échelle n'est plus adaptée au calcul de l'âge graphomoteur des enfants (*cf.* note 3 page 139), en revanche une redistribution de sa présentation permet de comprendre les carences de l'écriture des enfants afin de porter un diagnostic sur les dysgraphies et d'envisager leur remédiation.

Tout d'abord il nous semble pertinent de commencer l'observation par les items dits « de motricité » pour observer *ensuite* comment l'enfant tente de leur apporter une compensation.

Les items dits « de motricité »

Ils regroupent deux types de caractéristiques : celles qui sont liées à la gestion dynamique de l'espace graphique en ce sens qu'elles concernent l'élan du geste et celles qui sont liées à la gestion statique de l'espace graphique en ce sens qu'elles concernent les difficultés de gestion de l'espace de la page.

Concernent l'élan du geste :

M15	Bâtons descendants repris	L'enfant revient sur une demi-coupe prolongée (t, d) ou sur un jambage bâtonné (p, q).
M16	Lettres retouchées	
M17	Ensemble sale	L'enfant retouche plusieurs fois de suite le même tracé.
M18	Arquage des d, t, p, q	Les verticales sont mal réussies (mêmes lettres que pour l'item M15).
M19	Cabossages	Les lettres rondes sont bosselées.
M20	Mauvais galbe des boucles	Le galbe des hampes bouclées est mal réussi.
F10	Majuscules maladroites	Bien que classé dans les items de forme, cet item concerne bien l'élan du geste.
F6	t scolaires	Il s'agit pour nous de la barre de t mal réussie[7].
M21	Tremblements	
M22	Tracé vacillant	Le geste est mal assuré au point que la ligne est très mal tenue, les dimensions et l'inclinaison sont inégales.
M23	Saccades	Le geste part tout à coup dans une autre direction ou dérape dans la même direction.
M24	Télescopages	À l'inverse des saccades, le geste est trop court entre deux lettres ; elles en viennent à se toucher.

Ce manque d'élan – ou cette incoordination de l'élan en ce qui concerne les saccades – peut être dû à un manque d'entraînement ou à un blocage par appréhension. Il s'agit bien d'un manque d'entraînement à l'*élan* du geste et non au *dessin* des lettres : les lignes d'écriture sur cahier n'y changeront rien. Dans quelques cas rares, il s'agit au contraire d'une véritable difficulté motrice d'ordre pathologique.

7. et non de la barre de t bien ajustée. Ajuriaguerra retient les deux dans son échelle, l'une cotée 1, d'autres cotée 0,5

Concernent la gestion statique de l'espace graphique :

M25	Lignes cassées	La ligne de base soit monte, soit descend subitement mais une seule fois.
M26	Lignes fluctuantes	Lignes sinueuses
M27	Lignes descendantes	Rare sur papier ligné
M28	Mots dansants	Les lettres ne reposent pas toutes sur la ligne.
M29	Irrégularité de dimension	Les lettres, parfois les mots, sont de dimensions inégales.
M30	Irrégularité d'inclinaison	L'axe des lettres varie.
F13	Espaces irréguliers entre les lignes	Les lignes ne commencent pas toutes au même endroit.
F14	Zones mal différenciées	La proportion entre « petites lettres » et « grandes lettres » n'est pas respectée.

Chacun de ces items correspond à une mauvaise perception de l'espace. Toutefois les items M25, M26, M27 et M30 – qui concernent la tenue de la ligne et l'axe d'inclinaison des lettres – peuvent être tout autant liés à une mauvaise stratégie de déplacement du bras qu'à une mauvaise perception de l'espace.

Par ailleurs si toutes les lignes sont cassées sensiblement au même endroit vers le milieu de la page, l'item M25, lignes cassées, peut être dû à un mauvais relais entre l'œil droit et l'œil gauche (*cf.* page 170). L'orthoptie serait donc dans ce cas un moyen de remédiation plus efficace que la rééducation graphique.

L'irrégularité de dimension n'est à prendre en compte que si elle est marquée : une légère inégalité à l'intérieur des mots (ou irrégularité d'un mot à l'autre) est normale.

Les items dits « de forme »

Ils regroupent également deux types de caractéristiques : celles qui sont liées à une absence d'habitude graphique et celles qui sont relatives au ductus de l'écriture. Aucun ne concerne la forme telle que nous l'entendons.

Concernent l'absence d'habitudes graphiques :

F1	Surfaces enfantines	Les tracés sont plus arrondis que droits.
F2	Écriture dodue	Les ronds sont très ronds, alors qu'ils deviennent plus ovoïdes avec l'habitude.
F3	Absence de mouvement	
F4	Écriture grande	*Cf.* page 169

Ce premier groupe d'items dits « de formes destinées à compenser les difficultés motrices » concerne le manque d'élan du geste que donnerait la pratique, à l'exclusion de l'item F4 qui est, effectivement, une tentative de compensation par adoption d'une écriture plus grande. Isolées, ces caractéristiques ne nécessitent pas d'autre traitement qu'une pratique au rythme habituel de la classe, sauf exception.

Concernent le ductus de l'écriture :

F5	m, n scolaires	m et n en plusieurs morceaux ou très collés (voir page 148).
F7	p scolaires	p en deux morceaux ou pont très collé au jambage.
F8	a en deux morceaux	
F9	d, q, g en deux morceaux	

Constituent une véritable compensation de difficultés motrices les arrêts du geste avec reprise dans le même sens pour les ponts (items F5 et F7) et avec une attaque en haut à droite pour les ronds (items F8 et F9). Au contraire, les m, n et p constitués de « cannes » adossées les unes aux autres, ou de ponts très collés et les attaques des lettres rondes ailleurs qu'en haut à droite sont préjudiciables au déroulement de l'écriture. Ces caractéristiques peuvent être acceptées si l'enfant a des difficultés à écrire. Elles ne doivent pas être enseignées, sauf aux enfants en réelles difficultés motrices (voir chapitre 10, *Les règles de conduite de l'écriture*).

F11	Points de soudure	Arrêt du geste avec reprise dans le même sens.
F12	Collages	Arrêt du geste avec collage de la nouvelle lettre à l'extrémité de la lettre qui précède.

À l'inverse des précédentes, ces caractéristiques ne concernent pas les lettres elles-mêmes mais leur enchaînement. Comme les précédentes, elles peuvent être acceptées si l'enfant a des difficultés à écrire mais elles ne doivent pas être enseignées sauf aux enfants en réelle difficulté motrice (voir chapitre 10, *Les règles de conduite de l'écriture*).

La remédiation

La rééducation de l'écriture est un acte dont la complexité varie selon les cas. S'il appartient à l'enseignant de s'assurer de la bonne acquisition du geste d'écriture, si, à l'aide des indications ci-dessus il peut percevoir où se situent les difficultés, il lui est difficile de pratiquer une rééducation graphique en classe. Certaines rééducations sont très complexes et nécessitent une prise en charge qui ne peut se réaliser dans le cadre de la classe. Toutefois, sauf rares exceptions, les rééducations sont de courte durée (± 5 séances) sous réserve d'un travail quotidien d'environ 1/4 d'heure.

POUR UNE BONNE MISE EN PRATIQUE

- **Les informations qui suivent ne concernent pas l'école maternelle.**

☺ À FAIRE

☺ Remédier à une mauvaise gestion de l'espace graphique par des exercices appropriés.

☹ À NE PAS FAIRE

☹ Des lignes de lettres.
☹ Faire écrire des mots tant que la gestion de l'espace est très défectueuse.

😐 IL VAUT MIEUX

😐 Les premiers jours de CP, faire repérer l'espace de la feuille : marges, carreaux, interlignes.
😐 Prendre le temps d'obtenir une bonne gestion de l'espace graphique par tous les élèves avant de commencer l'écriture.
😐 En début d'année scolaire, commencer la matinée par des frises destinées à un encodage visuel de l'espace de la feuille. *Cf.* frises de bas de page du cahier 1 de CP.

Bibliographie

• AJURIAGUERRA J., AUZIAS M., COUMES F., DENNER A., LEVONDES-MONOD V., PERRON R., STAMBAK M., *L'écriture de l'enfant – L'évolution de l'écriture et ses difficultés*, Éd. Delachaux et Niestlé, 1964.

• AUZIAS Marguerite, *Enfants droitiers – Enfants gauchers*, Éd. Delachaux et Niestlé, 1975.

• BENTOLILA Alain, *Tout sur lécole*, Éd. Odile Jacob, 2004. *De l'illettrisme en général et de l'école en particulier*, Paris, Plon, 1996. *Communication et encodage*, Paris, Éd. Hachette 1976.

• CHARTIER Anne-Marie, CLESSE Christiane et HÉBRARD Jean, *Lire – Écrire – 1 – entrer dans le monde de l'écrit*, Éd. Hatier, 1991.

• CLAIRIS Christos, *Vers une linguistique inachevée*, Louvain-Paris, Peeters Press, 2005.

• COLÉ Pascale, SPRENGER-CHAROLLES Liliane, *Lecture et dyslexie – Approche cognitive*, Dunot, 2003, 2006.

• DAILLY R. et MOSCATO M., *Latéralisation et latéralité chez l'enfant*, Éd. Pierre Mardaga 1985.

• DOWNING John et FIJALKOW Jacques, *Lire et raisonner*, Éd. Privat, 1990.

• FIJALKOW Jacques, *Entrer dans l'écrit*, Éd. Magnard, 1999.

• GUILLAUME, *La formation des habitudes*, « L'éducation motrice », PUF, 1947.

• GUILMAIN E. et G, *L'activité psychomotrice de l'enfant. Son évolution jusqu'à douze ans*, Librairie médicale Vigné, 1971.

• LIEURY Alain, *Méthodes pour la mémoire – Historique et évaluation*, Éd. Dunod, 1996.

• NICOLESCU Basarab, *La transdisciplinarité, Manifeste*, Éditions du Rocher, Monaco, 1996.

• ROVEE-COLLIER Carolyn et ADLER Scott A., « Le souvenir des nourrissons », *La recherche n°267*, juillet/août 1994.

• SAUDEK, *Experiments with handwriting*, Unwin Brothers, 1928.

• SERRATRICE Georges et HABIB Michel, *L'écriture et le cerveau – Mécanismes neurophysiologiques*, Éd. Masson, 1993.

• VIVIANI Paolo, « La production du geste – Pleins et déliés », *Sciences et vie, Hors série n° 204*, septembre 1998.

• *Général Instructions to accompagny the Gesell Developmental Schedules*, The psychological Corporation – New York, 1949.

Achevé d'imprimer en France par EMD à Lassay-les-Châteaux - N° 22265

Dépôt légal : 92435-4/05 - Novembre 2009